ERSTE AUSGABE - Veröffentlicht 2022

Extra Grafikmaterial von: www.freepik.com
Dank an: Alekksall, Starline, Pch.vector, Rawpixel.com, Vectorpocket, Dgim-studio, Upklyak, Macrovector, Stockgiu, Pikisuperstar & Freepik.com Designers

Kostenlose Online-Spiele Entdecken

Hier Erhältlich:

BestActivityBooks.com/FREEGAMES

5 TIPPS FÜR DEN ANFANG!

1) LÖSUNG DER RÄTSEL

Die Puzzles haben ein klassisches Format :

- Die Wörter sind ohne Abstand, Bindetrich usw... versteckt
- Richtung : vor-& rückwärts, auf & ab oder in der Diagonale (beider Richtungen)
- Die Wörter können übereinanderliegen oder sich kreuzen

2) AKTIVES LERNEN

Neben jedem Wort ist ein Abstand vorgesehen zum Aufschreiben der Übersetzung. Um ihre Kenntnisse zu überprüfen und zu erweitern befindet sich am Ende des Buches ein **WÖRTERBUCH**. Suchen sie die Übersetzungen, schreiben sie sie auf, dann können sie sie in den. Puzzles suchen und ihrem Wortschatz hinzufügen.

3) ANZEICHNUNG DER WÖRTER

Haben sie schon einmal versucht eine Anzeichnung zu verwenden? Sie könnten zum Beispiel die Wörter, die schwer zu finden sind, ankreuzen, die Wörter, die sie lieben, mit einem Stern, neue Wörter mit einem Dreieck, seltene Wörter mit einem Diamant usw ... anzeichnen

4) IHR LERNEN ORGANISIEREN

Am Ende dieser Ausgabe bieten wir auch ein praktisches **NOTIZBUCH** an. Ob im Urlaub, auf Reisen oder zu Hause, sie können ihr neues Wissen ganz einfach organisieren, ohne ein zweites Notizbuch zu benötigen!

5) SIND SIE AM SCHLUSS ?

Gehen sie zum Bonusbereich : **MONSTER-HERAUSFÖRDERUNG,** um ein kostenloses Spiel zu finden, das am Ende dieser Ausgabe angeboten wird !

Lust auf mehr Spaß und **Lernaktivitäten? Schnell und einfach :** eine ganze Spielbuchsammlung mit einem einzigen Klick erhaltbar :

Mit diesem Link finden sie ihre nächste Herausforderung :

BestActivityBooks.com/MeineNachsteWortsuche

Achtung, fertig, ... Los !!

Wussten sie, dass es auf der Welt ungefähr 7.000 verschiedene Sprachen gibt ? Wörter sind kostbar.

Wie lieben Sprachen und haben schwer daran gearbeitet, die Bücher von höchster Qualität für sie zu entwerfen. Unsere Zutaten ?

Eine Auswahl von angepassten Lernthemen, drei große Scheiben Spaß, dann fügen wir einen Löffel schwieriger Wörter und eine Prise seltener Wörter hinzu. Wir servieren sie mit Sorgfalt und ein Maximum an Freude, damit sie die besten Wortspiele lösen und Spaß am Lernen haben.

Ihre Meinung ist wichtig. Sie können aktiv zum Erfolg dieses Buches beitragen, indem sie uns eine Bemerkung hinterlassen. Sagen sie uns, was ihnen an dieser Ausgabe am besten gefallen hat !!

Hier ist ein kurzer Link, der sie zu ihrer Bewertungsseite führt

BestBooksActivity.com/Rezension50

Vielen Dank für ihre Hilfe und viel Spaß

Linguas Classics

1 - Gesundheit und Wellness #2

```
F G T G A N E U G E Z O N D Z M
A P R Z V G J A H S K O G E I A
C A L O R I E L G Y H V Y O E S
I A Q E E T L U S T G U A L K S
T L P J N H F W S P Y I C B T A
E S J W Z C K A E F U B Ë Z E G
N I Z N T I T N R X O N C N S E
E I I V O W L A T O I Z A C E N
G N N P D E T T S O C I S I R Z
O W E F E G J O S P O R T R N J
X V L R E N I M A T I V C C S L
Y N T Q G C J I V V U R V C U N
J L A S G I T E E I D W S N P U
Y C O J V A E I G R E L L A C G
L S E I O M P W E Y O Q N C U L
Z I E K E N H U I S A Q P I T B
```

ALLERGIE	INFECTIE
ANATOMIE	CALORIE
EETLUST	ZIEKENHUIS
BLOED	ZIEKTE
DIEET	MASSAGE
ENERGIE	RISICO'S
GENETICA	SLAAP
GEZOND	SPORT
GEWICHT	STRESS
HYGIËNE	VITAMINE

2 - Ozean

```
T O N I J N X V K M D Z K C L P
O C T O P U S I V R V O S L R N
U M R Q C O Z G L O A U A X P E
T B H N Q F L M H T Q B U S N D
O E S T E R N F K S R U U A P J
X I A Q D D C Q M B H X X X V I
F W O U Q F C E M L N O K A P T
D A P D L I H C S K Q W P Y Q E
I P A H B R H P D L A A N R A G
H G P L B O O T O A V L D E L H
B A O N L C A C L A K V W F R G
Z K A Z O U T C F R L I A B V A
X J Z I P M E N I O N S N O P S
W A W B W E F R J K Y L X M Z U
G O L V E N N H N K W A L I Z G
C S U V C A L D L F C P Z L O D
```

AAL	OCTOPUS
OESTER	KWAL
BOOT	RIF
DOLFIJN	ZOUT
VIS	SCHILDPAD
GARNAAL	SPONS
GETIJDEN	STORM
HAAI	TONIJN
KORAAL	WALVIS
KRAB	GOLVEN

3 - Krankheit

```
S B A S F A G E Z O N D H E I D
Y O B A C T E R I E E L N Q D G
N T B K G D S Y K N W M Z C H G
D T H U J F U L I C H A A M N D
R E V D B V N L K B D J T Ë G
O N H U N E I H T A P O R U E N
O A N T J I S C U H L Z B Q I I
M Z W T U V S M H F C E Y J G L
A B C G R K T R E R H M K S R A
G E N E T I S C H T O H C C E H
H U G C U U P Y P T T N V D L M
Z I Z U U B H A R T P E I K L E
M B H W C D E N L W D R L S A D
R K N I A T H E R A P I E I C A
W M M A L K J I L E F R E O J H
F E Q Z Q O N T S T E K I N G K
```

BUIK
ACUUT
ALLERGIEËN
BESMETTELIJK
ADEMHALING
BACTERIEEL
CHRONISCH
ONTSTEKING
ERFELIJK
GENETISCH

GEZONDHEID
HART
BOTTEN
LICHAAM
NEUROPATHIE
ZWAK
SINUS
SYNDROOM
THERAPIE

4 - Meditation

```
L R D M E D E D O G E N R F B Y
A L R A P E R S P E C T I E F I
G Y P G N I D R A A V N A A F K
L H L N H K M B Z Q M U Z I E K
A Q W A L X B B E W E G I N G Z
Z D Z H V B C A G S G Q U W X G
P C E F G M F D A D B Z R Z V E
D N F M O Y R U D R U U T A N L
M W B V H N V C X H B J S D U
D Y V V U A L A A T N E M L A K
V R E D E F L E N S R B I A T M
K S V U Y C P I R E C N C D P R
A A N D A C H T N E N Y O H S N
O N D E R W I J S G N B S P O A
H E L D E R H E I D S T I L T E
G E D A C H T E N W A K K E R D
```

AANVAARDING
ADEMHALING
AANDACHT
BEWEGING
DANKBAARHEID
VREDE
GEDACHTEN
MENTAAL
GELUK
HELDERHEID

ONDERWIJS
LEREN
MEDEDOGEN
MUZIEK
NATUUR
PERSPECTIEF
KALM
STILTE
GEEST
WAKKER

5 - Archäologie

```
G F A P X A R N U D J C U R T A
K O B R E K E O Z R E D N O E N
P S C O E H L C E A T J E I A A
E S N F A X H G T K Q E V F M L
M I E E I T A U L A V E M L R Y
D E T S T G R A F D V I C P U S
E L C S Y T E L B F E R T D E E
S R E O N D O K D O R E I M M L
K Q J R S K W B Z U G T J I R W
U A B V X B R C G D E S D C B Z
N X O O U D G P M H T Y P F I J
D N E K E B N O P E E M E U L S
I R E L I K W I E I N Q R R S X
G U V K C Y H N O D Q Z K A O Q
E B B W N A K O M E L I N G R T
B E S C H A V I N G N S O X U W
```

ANALYSE
OUDHEID
EVALUATIE
TIJDPERK
DESKUNDIGE
ONDERZOEKER
FOSSIEL
MYSTERIE
GRAF
BOTTEN

TEAM
NAKOMELING
OBJECTEN
PROFESSOR
RELIKWIE
TEMPEL
ONBEKEND
OUD
VERGETEN
BESCHAVING

6 - Gesundheit und Wellness #1

```
H P B O D S V C C S Y P C I V Q
O S G N I L E D N A H E B O I J
N J X T U L S Y Y K H S E N R Z
G V G S H Z W T O S D Z X J U Q
E V W P V M E T G O O H H I S B
R E L A U V H N Ë I R E T C A B
Q O B N R F C F U W I Q I I A R
C X Q N X E S E Y W X V K D P E
G R N I S I I H O U E J L E O F
E E B N M T D P B B C N Z M T L
Z T W G A C E Y A H I N M L H E
Y K N O D A M U B R E U K E E X
Y O C V O J Q R D M E Q K T E V
U D M X O N W G M Z S H O S K A
B O T T E N T T I X P N T E F J
K L I N I E K E X H I X Q L F W
```

ACTIEF	HONGER
APOTHEEK	KLINIEK
DOKTER	BOTTEN
BACTERIËN	MEDICIJN
BEHANDELING	MEDISCH
ONTSPANNING	ZENUWEN
BREUK	REFLEX
GEWOONTE	THERAPIE
HUID	LETSEL
HOOGTE	VIRUS

7 - Obst

```
A S Z A J A P A P K I W B Q A A
T G P Q P C U F E E K K N H H B
G R E U K P X Y R R I C X J H R
B W E X I O E X Z S W I H C F I
E E R F Q M K L I U I T N S G K
S J D U Q A H O K F A R P Z F O
T N Q S F A Q F S K C O O X R O
P A K O D R U I F N C E Y I A S
T R X K Z B F D A A O N X Y V T
L O U A N A N A S A U O B T O Y
H L X I Z I N O C N A S T Y C C
B V P F M N E C T A R I N E A O
C R U C C Q Q G Q B L Y Y V D S
L G A M E L O E N Z L W V J O W
F R A M B O O S N Y K P Y B S W
G K Q O T R F N O X K V J W V F
```

ANANAS
APPEL
ABRIKOOS
AVOCADO
BANAAN
BES
PEER
BRAAM
FRAMBOOS
KERS

KIWI
KOKOSNOOT
MELOEN
NECTARINE
ORANJE
PAPAJA
PERZIK
PRUIM
DRUIF
CITROEN

8 - Universsum

```
L M J U C U S J H J O A A B A A
O M A H G T N N G I N Y S R S T
M R K A V M A H U G O C F E T M
K J A M H C S I M S O K J E E O
W R D N O R F L A H X K T D R S
F M Z S R A A B T H C I Z T O F
F V C E I M O N O R T S A E Ï E
V R J N Z H N E D A B I G G D E
M O O N O R T S A A N N A R E R
D Q O O N A A M P N N R W A F G
R M P Z O S G A M E B E W A P U
T E L E S C O O P V V T B D P O
H E M E L B M M P E Z S G A H F
L E N G T E G R A A D I E P A R
Z O N N E W E N D E B U M N H N
Z T M E I R N E R E I D W E J W
```

ASTEROÏDE
ASTRONOOM
ASTRONOMIE
ATMOSFEER
EVENAAR
BREEDTEGRAAD
DUISTERNIS
HALFROND
HEMEL
HORIZON

KOSMISCH
LENGTEGRAAD
MAAN
BAAN
ZICHTBAAR
ZONNE
ZONNEWENDE
TELESCOOP
DIERENRIEM

9 - Camping

```
C G D T H K X H N I Q S W G C A
E I E Z G T O K L A H I Q H U V
Z M E E R O A M X N E R E I D O
M A A N E U U E P R E O N H K N
Y X K V B W B F T A R L I N A T
Q H Y X H O E D E A S K B Y A U
N A T U U R L N N T H C A J R U
B W C B A E I A T N A G C B T R
D O E G J T B R B A N M J R C T
I K S Y C N N B K L R T G V D G
W L N I M X W V H R P H W N G O
W X I V K A N O Q E T Z F T A L
U U A L Q W H M Q Q A H P V B H
A V G W J W V B W L P E I X B W
X D H S K W D H G Z E W L O M G
Q D E X M C P P L E Z I E R Z S
```

AVONTUUR	KOMPAS
BERG	LANTAARN
BRAND	MAAN
HANGMAT	NATUUR
HOED	MEER
INSECT	TOUW
JACHT	PLEZIER
CABINE	DIEREN
KANO	BOS
KAART	TENT

10 - Zeit

```
Z O G K M M C A N R Y D M A V S
T E C I I I U N O R O O F L L N
Q P K G N D N E T H C O A F O D
P V T I U D N U A L A M O Q T A
V E J W U A N A C H T X S H W H
O Q X B T G B N A Q R S K K O Q
O R Z S Z Z D A G M A G J O O U
R L G I S T E R E N R I I O D U
N W A S H O S C V S N W L O U U
U L A C J L O G E B R X R U R R
J T D K J P W U E E S N A M J Y
G L N D E C E N N I U M A A W A
B M A U R E D N E L A K J A A R
A H V I R Z W K L O K X A L Z W
T O E K O M S T H C P X N L J P
J X N E F B Y F I A C A G K P D
```

GISTEREN   MAAND
VANDAAG   OCHTEND
JAAR   NA
EEUW   NACHT
DECENNIUM   UUR
JAARLIJKS   DAG
NU   KLOK
KALENDER   VOOR
MINUUT   WEEK
MIDDAG   TOEKOMST

11 - Säugetiere

```
W E T O Y O C S V S G Y B O V Z
T O F H E D B K N G Q I P V T O
Q R L C G G T C Y Y F P R R T Z
N E D F D A P K H E E X K A T O
L O Y H E O L K Z E D M Z S F I
X G W A L V I S V A I Z N G G F
T N A F I L O Y C Q A X L H O W
T A R H N N V O S Q B L O U R F
Q K E A K I W T D A E J N O I T
J A B K O A U L N B N X R L L I
P A A R D A W T A R X W R E L B
I A S G N P L I S T I E R E A Z
F F A K O F I J Z E B R A U B S
P X F H H P G G X A R A A W E G
W G M J C L R E V E B E E R R S
M F P M T S D R E T N A P V I G
```

AAP	LEEUW
BEER	PANTER
BEVER	PAARD
OLIFANT	RAT
VOS	SCHAAP
GIRAF	STIER
GORILLA	TIJGER
HOND	WALVIS
KANGOEROE	WOLF
COYOTE	ZEBRA

12 - Algebra

```
O E X J F H O E V E E L H E I D
P Q N Q G O M V Z M F F X M P N
L W O Z F W R F A C T O R J J S
O H N X I M I M P V E F E E N T
S U E W B K A T U L H R M X G U
S S I U J J E Q Z L O A M P L Q
I K N R Z D N Z N I E C U O K D
N B D Z M X I R T A M T N N S Q
G A I L Z S L A V W I I E E E Z
T M G T N K C K G T W E S N G U
A F T R E K K E N R Q K S T R L
V A R I A B E L E U A V O Q A A
E Z P N U L P Q G E G M L M F W
P R O B L E E M D C Y C P Z I L
V E R G E L I J K I N G O F E D
U V Q L J I A H J H G O K F K O
```

FRACTIE
DIAGRAM
EXPONENT
FACTOR
VALS
FORMULE
VERGELIJKING
GRAFIEK
LINEAIR
OPLOSSEN

OPLOSSING
MATRIX
HOEVEELHEID
NUL
NUMMER
PROBLEEM
AFTREKKEN
SOM
ONEINDIG
VARIABELE

13 - Diplomatie

```
A D V I S E U R P G U S J D Y W
T A L E N Y H F X O P T V I N X
F K E I H T E J C N L E J E S B
G E M E E N S C H A P I Z H N K
V I V E R D R A G A A C T G E G
E T T J Y X E Z N M M O I I N P
I A X G Z Z G G I B B N E T E S
L M W U E R R Z S A A F T H B K
I O J Z F M U Q S S S L I C W B
G L I A K O B R O S S I R E L D
H P M N C C R E L A A C G R W T
E I Q E X E J O P D D T E E C Z
I D K H S J B U O E E M T G D X
D R E G E R I N G U V N N M M O
D I S C U S S I E R X H I E T K
B U I T E N L A N D S P O V A L
```

BUITENLANDS
ADVISEUR
AMBASSADE
AMBASSADEUR
BURGERS
DIPLOMATIEK
DISCUSSIE
ETHIEK
GEMEENSCHAP

GERECHTIGHEID
INTEGRITEIT
CONFLICT
OPLOSSING
POLITIEK
REGERING
VEILIGHEID
TALEN
VERDRAG

14 - Astronomie

```
K E T I U R S L L G L M Y N Y K
T O B I T U A N O R T S A W F O
E M S Q M Y T D D P Q N A C N M
L U K M U Z E R A K E T E E Z E
E I O U O K L E M E H Z R V M E
S R B S C S L T E E N A L P E T
C O N R M R I S T M C B Z R S L
O T D E X N E A S T E R O Ï D E
O A J V H V T S U P E R N O V A
P V U I J V R U P K N Y A W C A
W R O N S W B O R X Z G A I N A
Y E S U A S T R O N O O M V A U
V S T E R R E N B E E L D X J C
V B A A R D E C V G T I W W V Y
H O P K C U M E I R N E R E I D
E J J T S H X Y A M W K M V I E
```

ASTEROÏDE
ASTRONAUT
ASTRONOOM
AARDE
HEMEL
KOMEET
STERRENBEELD
KOSMOS
METEOOR
MAAN

NEVEL
OBSERVATORIUM
PLANEET
RAKET
SATELLIET
STER
SUPERNOVA
TELESCOOP
DIERENRIEM
UNIVERSUM

15 - Ballett

```
J  T  S  U  A  L  P  P  A  T  Q  D  X  B  T  P
H  U  I  C  R  P  U  H  B  T  G  A  O  A  P  K
A  K  E  I  T  S  I  T  R  A  V  N  R  L  U  R
I  C  R  A  A  B  E  G  C  D  V  S  K  L  O  Z
M  R  L  J  I  T  S  S  O  F  Z  E  E  E  G  S
G  H  I  V  C  S  J  P  M  M  U  R  S  R  Y  I
E  J  J  N  Q  F  L  I  P  U  U  S  T  I  C  N
I  X  K  D  R  I  G  E  O  Z  U  Z  C  N  T  T
T  U  P  Q  X  B  X  R  N  H  V  P  I  A  E  E
I  H  W  R  T  Q  K  E  I  L  B  U  P  E  M  N
T  C  A  S  E  D  I  N  S  N  P  N  M  M  K  S
E  N  F  I  R  S  Y  K  T  K  A  Z  S  T  N  I
P  H  C  L  R  J  S  B  G  T  W  P  Y  I  G  T
E  C  D  I  E  H  G  I  D  R  A  A  V  R  E  E
R  E  I  F  A  R  G  O  E  R  O  H  C  P  T  I
A  T  E  C  H  N  I  E  K  F  P  G  O  J  M  T
```

SIERLIJK	MUZIEK
APPLAUS	SPIEREN
EXPRESSIEF	ORKEST
BALLERINA	REPETITIE
CHOREOGRAFIE	PUBLIEK
VAARDIGHEID	RITME
GEBAAR	SOLO
INTENSITEIT	STIJL
COMPONIST	DANSERS
ARTISTIEK	TECHNIEK

16 - Geologie

```
C K Q W S T W A V L K X Q F U G
A O O K M T U O Z A W U G O K S
A O N R P B A U G V A S H S N W
R H E T A S S L D A R G I S C G
D W T E I A Y U A D T U E I V P
B M L I F N L I I G S M P E Y H
E P O T A A E I N N M X N L K O
V A M C S A G N N M U I C L A C
I H S A T K B E T U X U E D A Q
N I E L K L N G M W R R M T H I
G L G A T U V R S T E E N S E Q
L V F T H V H O Z O S Z U U R N
L G X S F U U T X S I Z O N E R
P L A T E A U E X M E C A V Q L
M I N E R A L E N O G Y R D N X
M M D E R O S I E B S D I E C V
```

AARDBEVING	MINERALEN
EROSIE	PLATEAU
FOSSIEL	KWARTS
GESMOLTEN	ZOUT
GEISER	ZUUR
GROT	STALAGMIETEN
CALCIUM	STALACTIET
CONTINENT	STEEN
KORAAL	VULKAAN
LAVA	ZONE

17 - Wissenschaft

```
E  A  W  E  T  E  N  S  C  H  A  P  P  E  R  D
X  T  H  C  A  R  K  E  T  R  A  A  W  Z  A  Q
P  O  C  D  I  Z  B  O  R  G  A  N  I  S  M  E
E  O  S  E  J  T  L  E  E  D  Y  D  Q  L  U  H
R  M  I  E  E  S  J  M  E  T  H  O  D  E  M  Y
I  K  M  R  V  D  W  C  O  D  V  N  I  I  O  P
M  L  E  U  E  O  N  A  T  U  U  R  U  S  L  O
E  I  H  Y  I  S  L  U  Q  M  Y  K  M  S  E  T
N  M  C  P  N  F  K  U  K  C  D  O  P  O  C  H
T  A  Z  I  L  N  B  Q  T  R  D  L  X  F  U  E
O  A  E  O  G  A  D  K  I  I  U  T  A  J  L  S
J  T  M  L  Q  M  N  B  E  G  E  U  L  U  E  E
B  V  X  I  U  S  A  T  F  E  P  K  T  U  N  M
G  E  G  E  V  E  N  S  E  K  V  K  E  A  Z  W
M  I  N  E  R  A  L  E  N  N  G  P  U  A  N  M
L  A  B  O  R  A  T  O  R  I  U  M  J  B  K  E
```

ATOOM
CHEMISCH
GEGEVENS
EVOLUTIE
EXPERIMENT
FOSSIEL
HYPOTHESE
KLIMAAT
LABORATORIUM
METHODE

MINERALEN
MOLECULEN
NATUUR
ORGANISME
DEELTJES
PLANTEN
NATUURKUNDE
ZWAARTEKRACHT
FEIT
WETENSCHAPPER

18 - Bildende Kunst

```
F  H  I  U  T  I  E  T  I  V  I  T  A  E  R  C
D  O  O  L  T  O  P  L  P  G  E  L  M  A  E  V
E  A  T  F  H  E  G  C  B  B  R  R  L  F  Z  C
S  C  F  O  A  D  Q  M  N  Q  I  C  N  E  E  K
B  E  E  L  D  H  O  U  W  W  E  R  K  I  L  C
P  H  A  S  E  S  E  A  L  I  C  N  E  T  S  P
O  O  R  E  C  W  H  M  W  E  T  K  I  C  J  E
R  U  T  N  D  H  X  X  M  L  I  F  M  E  A  N
T  T  I  O  N  E  I  B  S  K  L  F  A  P  M  T
R  S  E  L  Q  L  V  L  T  Q  S  N  R  S  Q  A
E  K  S  F  N  K  G  V  D  W  F  X  E  R  S  E
T  O  T  I  H  R  B  X  H  E  L  C  K  E  L  L
Y  O  N  U  I  I  D  O  S  A  R  M  E  P  Q  D
Y  L  I  G  W  A  S  B  F  A  U  I  W  U  K  T
A  R  C  H  I  T  E  C  T  U  U  R  J  X  I  L
V  K  G  P  D  J  R  I  N  K  R  I  J  T  U  T
```

ARCHITECTUUR	VERNIS
POTLOOD	PERSPECTIEF
FILM	PORTRET
FOTO	STENCIL
SCHILDERIJ	BEELDHOUWWERK
HOUTSKOOL	EZEL
KERAMIEK	PEN
CREATIVITEIT	KLEI
KRIJT	WAS
ARTIEST	

19 - Sport

```
M Z L E O D Q S S M W I A B P M
S A W I V Y O S P J O U L F R E
E O X E C I G P O G A R F D O T
W F B I M H T B R V L A B I G A
Y Y E W M M A U T Y L I I E R B
G M B X C A E A N I W U Z E A O
E T D L X M L N M R M K G T M L
Z K R A C H T I I T B H X J M I
O R E J U G J H S T E I F X A S
N E T T O B O E N E S N A D X C
D N E B U Y G Y N E R E I P S H
H I O B M P G W E L P E D D F X
E A L F B B E P M T D A N O J D
I R V Z L N N I E A E Y Y G B D
D T S B N G V F D V O E D I N G
J U V B K N Z T A W A H Y N V W
```

ATLEET
ADEMEN
DIEET
VOEDING
GEZONDHEID
JOGGEN
BOTTEN
LICHAAM
MAXIMALISEREN
METABOLISCH

SPIEREN
PROGRAMMA
FIETS
ZWEMMEN
SPORT
KRACHT
DANSEN
TRAINER
DOEL

20 - Mythologie

```
I  V  B  S  I  N  M  I  I  W  Z  S  F  J  I  L
S  E  N  S  R  G  O  H  P  D  N  J  L  A  A  E
M  T  P  H  P  C  N  P  H  J  B  J  R  L  R  G
K  H  E  E  B  R  S  H  M  T  K  C  F  O  C  E
N  C  O  R  L  C  T  M  Q  N  I  D  L  E  H  N
J  A  U  V  F  C  E  I  T  A  E  R  C  Z  E  D
U  R  N  J  M  E  R  E  D  N  O  D  F  I  T  E
X  K  F  C  B  N  L  W  E  Z  E  N  R  E  Y  C
W  N  P  H  E  L  D  I  F  V  R  Y  A  E  P  U
D  B  L  I  K  S  E  M  J  Q  C  B  M  V  E  L
U  O  M  A  G  I  S  C  H  K  F  Z  P  L  F  T
M  W  O  K  R  I  J  G  E  R  A  P  U  T  K  U
W  O  Z  L  E  M  E  H  N  V  D  A  S  H  A  U
J  O  T  A  H  G  E  D  R  A  G  R  R  F  Z  R
X  C  S  U  I  O  L  D  O  Q  N  V  T  W  D  M
T  U  O  I  G  I  F  P  X  W  U  B  S  N  N  C
```

ARCHETYPE	KRIJGER
BLIKSEM	CULTUUR
DONDER	DOOLHOF
JALOEZIE	LEGENDE
HELD	MAGISCH
HELDIN	MONSTER
HEMEL	WRAAK
RAMP	KRACHT
CREATIE	STERFELIJK
WEZEN	GEDRAG

21 - Restaurant #2

```
L E P E L P N V M I E O T C Y T
H V K J I L R E E H L V B L G Z
A T R A J L A D T C U O X E Q B
W P O T C A P Z P U N O E O R A
O F V F Z O U T D C C R X T N L
N O E D E L S I J S H G L S G F
A G R O E N T E J I W E C Y O T
D I N E R D M Y T V A R M B E F
R Z Q A S E A V B R T E Z R K X
T Q S U N M R L L W E C S A T L
J A J I U E L S A Q R H V V X R
C N B R L X U O L S W T D Q P R
N Y I F E L P E X X X B R V L K
I I L Q X J G P P P Z X A K T G
P H Y J U B F R U I T W N F T J
S P E C E R I J E N J D K Z A B
```

DINER
IJS
VIS
FRUIT
VORK
GROENTE
DRANK
SPECERIJEN
OBER
HEERLIJK

CAKE
LEPEL
LUNCH
NOEDELS
SALADE
ZOUT
STOEL
SOEP
VOORGERECHT
WATER

22 - Schokolade

```
A R O T M F V L E M A R A K S C
K N D K K V N W H D R E D E O P
W E T J D L N X F Y T T V C N X
A T E I R O V A F B I T E A P D
L E O L O E X U C P S I R L Z G
I P Z R K X C R P Q A B L O S T
T N J E R H I E Z E N X A R F N
E T C E P C H D P K A H N I H Ë
I A Y H Z S A X A T A W G E L I
T A Q M K I Z C A N L V E Ë R D
S R T H T T V D A T T A N N V E
H O C E Q O G E H O S U I K E R
G M E J Z X K O K O S N O O T G
N A S N R E N G S M A A K P S N
T D D Z A G M A S E M W N H Z I
B F W W C J F O L E P Q Q O I U
```

ANTIOXIDANT
AROMA
BITTER
ETEN
EXOTISCH
FAVORIET
SMAAK
ARTISANAAL
CACAO
CALORIEËN

KARAMEL
KOKOSNOOT
HEERLIJK
POEDER
KWALITEIT
RECEPT
ZOET
VERLANGEN
SUIKER
INGREDIËNT

23 - Boote

```
G O H I P B R Y Z Z N V A O V D
K A J A K E J X E X E N N B F S
Y L E G Z R Q N I L V E K O V P
I Y S G N Y B L L U L Z E M D D
O L T B F V V L B N O W R R X B
Y M X H Q M W U O T G H D E Z R
P K R S G D A E O N A K F D C R
O H T V N U Z X T H C A J D J D
Q C O U I V V G I D B M G I H V
R S W G N J E A O D O A M N P M
F I C M N A A E C O E S O G V E
N T V G A U G M R K I T J S F E
I U E I M G A O H B X S V B L R
V A O K E C Y T D C O T B O S O
N N Y N B R C O Y D Z O J O M I
H Q R U H K S R V L O T T T U I
```

ANKER	ZEE
BOEI	MOTOR
BEMANNING	NAUTISCH
DOK	OCEAAN
VEERBOOT	REDDINGSBOOT
VLOT	MEER
RIVIER	ZEILBOOT
KAJAK	TOUW
KANO	GOLVEN
MAST	JACHT

24 - Stadt

```
I M D I E R E N T U I N P X B C
H A A S L C G U B M Y H E U O L
O R A S C H O O L A R E B N E M
K K T V P C M U L N N B K I K K
V T N A R U A T S E R K Q V H T
M P O F K E I N L K E L E A H
U U K N E V A H T H C U L R N E
S K N T E A Q W K Y C E K S D A
E E O B H P F S R Z C F Y I E T
U E I I T Q M Y A B E M C T L E
M H D O O P K P M A E I S E U R
C T A I I T V G R V E H N I X T
H O T E L J I R E K K A B T N O
P P S Y B H W O P O O C S O I B
K A P F I F Y U U G A L E R I J
Y C G F B Y E T S I M E O L B K
```

APOTHEEK	KLINIEK
BANK	MARKT
BAKKERIJ	MUSEUM
BIBLIOTHEEK	RESTAURANT
BLOEMIST	SCHOOL
BOEKHANDEL	STADION
LUCHTHAVEN	SUPERMARKT
GALERIJ	THEATER
HOTEL	UNIVERSITEIT
BIOSCOOP	DIERENTUIN

25 - Aktivitäten

```
K W W U R L G O Y P M S J Q X G
D U J T I E T I V I T C A F M F
A E N F T Z I E T F I L V O W O
N F E S V E V Z P C W F C N H T
S Z I I T N J U E I G A M T E O
E F A O O K A D D L C A D S N G
N U A L I K D W T Y P M T P G R
X L N T N X T V D T J B U A E A
K W K I D N X U J D A A I N L F
S C H I L D E R I J C C N N S I
D Q B D F F G L T I H H I I P E
I E T D C C D Q E W T T E N O V
K E R A M I E K J D Y E R G R H
O M B R E I E N I Z N N E G T H
K A M P E R E N R I W A N J K Y
G A M E S Q W X V G U D W M S C
```

ACTIVITEIT	KUNST
HENGELSPORT	AMBACHTEN
KAMPEREN	LEZEN
ONTSPANNING	MAGIE
FOTOGRAFIE	NAAIEN
VRIJE TIJD	GAMES
TUINIEREN	BREIEN
SCHILDERIJ	DANSEN
JACHT	PLEZIER
KERAMIEK	WANDELEN

26 - Bienen

```
D W P E V N Z Y K U P A D U H B
I S A L Z O E B O O W W C G O L
V C S S A J R I O I N Z Y J N O
E H S G H N E E R G F I Z C I E
R J L P B B T A Q G J H N E N S
S D E C P L L E F U R X B G G E
I N G J M O U C N F S S X K I M
T I U R F E P L T N Z O N S V N
E U E X U M I A G E G L Y Z O T
I R L Z R E V I U T S E B W O U
T B V F J N J Z M I B T W E R I
B I J E N K O R F T M G H R D N
S T U I F M E E L N O S I M E S
B O J X E C O S Y S T E E M L Y
A E X Z V E L J O Q T U V H I B
H A B I T A T I N S E C T R G X
```

BESTUIVER
BIJENKORF
BLOEMEN
BLOESEM
VLEUGELS
FRUIT
TUIN
HONING
INSECT
KONINGIN

HABITAT
ECOSYSTEEM
PLANTEN
STUIFMEEL
ROOK
ZWERM
ZON
DIVERSITEIT
VOORDELIG
WAS

27 - Wissenschaftliche Disziplinen

```
X  F  T  F  M  M  E  C  H  A  N  I  C  A  Y  Y
T  Y  B  W  E  I  G  O  L  O  E  H  C  R  A  C
B  Z  T  C  E  D  N  U  K  T  N  A  L  P  F  Z
X  I  X  I  I  C  U  E  D  N  U  K  L  A  A  T
M  B  O  I  T  L  E  R  R  M  W  J  T  W  E  B
T  S  D  L  E  P  K  K  L  A  T  I  Y  I  W  I
H  W  S  X  O  K  I  C  K  D  L  O  O  F  M  O
Y  S  I  E  I  G  O  L  O  I  C  O  S  Q  M  C
E  I  G  O  L  O  I  S  E  N  I  K  G  J  R  H
Z  W  M  B  U  J  Z  E  I  M  E  H  C  I  J  E
P  S  Y  C  H  O  L  O  G  I  E  T  E  M  E  M
E  X  Z  E  I  G  O  L  O  R  O  E  T  E  M  I
E  C  O  L  O  G  I  E  L  W  G  W  F  S  X  E
O  Q  S  Y  F  E  I  G  O  L  O  N  U  M  M  I
A  N  A  T  O  M  I  E  E  R  C  R  U  D  T  Z
I  J  Y  W  B  T  E  I  G  O  L  O  R  U  E  N
```

ANATOMIE	TAALKUNDE
ARCHEOLOGIE	MECHANICA
BIOCHEMIE	METEOROLOGIE
BIOLOGIE	MINERALOGIE
PLANTKUNDE	NEUROLOGIE
CHEMIE	ECOLOGIE
GEOLOGIE	PSYCHOLOGIE
IMMUNOLOGIE	SOCIOLOGIE
KINESIOLOGIE	

28 - Vögel

```
M  S  T  T  P  H  B  X  G  S  U  I  F  N  P  N
G  E  D  D  S  X  W  U  A  P  C  K  Z  M  Z  M
G  M  E  Q  H  M  F  S  D  F  I  U  D  U  E  H
G  J  D  U  U  B  U  I  E  F  T  N  T  S  X  J
D  U  I  S  W  Q  Y  E  L  O  O  M  G  F  P  E
E  A  Y  V  X  I  F  I  A  M  G  Y  S  U  L  Y
P  E  L  I  K  A  A  N  A  U  N  A  L  C  Ï  F
C  Z  I  F  K  I  A  A  R  K  I  V  N  J  X  N
D  T  U  S  Z  X  R  A  E  M  M  Y  K  S  Y  X
O  M  S  P  U  S  D  W  G  E  A  E  E  N  D  O
K  I  P  J  V  R  I  Z  I  G  L  A  O  D  H  V
Z  J  B  S  I  B  M  D  E  F  F  G  K  C  E  Q
Q  O  U  K  N  C  W  I  R  A  A  V  E  I  O  O
P  A  P  E  G  A  A  I  D  P  L  S  O  R  G  G
R  H  S  R  B  I  C  T  H  T  I  I  K  C  E  U
X  I  H  J  E  O  B  R  G  B  U  C  R  B  F  Q
```

ADELAAR	PAPEGAAI
EI	PELIKAAN
EEND	PAUW
UIL	PINGUÏN
FLAMINGO	RAAF
GANS	REIGER
KIP	ZWAAN
KRAAI	MUS
KOEKOEK	OOIEVAAR
MEEUW	DUIF

29 - Biologie

```
E  L  M  A  L  F  X  J  D  V  I  E  I  L  P  O
V  O  E  N  E  E  G  A  L  L  O  C  I  E  O  O
O  I  O  A  Z  E  N  U  W  L  Y  P  U  W  I  B
L  E  I  T  P  E  R  X  C  O  R  A  P  O  I  J
U  H  P  O  C  E  L  E  T  Y  B  E  M  P  M  B  T
T  V  I  M  W  G  Q  S  H  W  M  J  N  Y  D  S
I  S  Q  I  S  Y  C  E  M  G  E  H  N  Q  W  F
E  I  Y  E  F  B  Z  H  S  Y  M  B  I  O  S  E
Z  P  S  N  P  Q  R  T  R  E  I  D  G  O  O  Z
R  O  D  H  A  G  I  N  V  O  X  E  M  M  S  I
J  T  F  Y  B  P  J  Y  M  W  M  Y  M  O  M  P
A  X  I  T  G  N  S  S  E  T  Y  O  V  V  O  M
H  O  R  M  O  O  N  O  R  U  E  N  S  C  S  B
P  L  A  N  T  E  N  T  U  H  M  B  J  O  E  H
M  U  T  A  T  I  E  O  S  A  A  P  A  X  O  Y
E  N  Z  Y  M  W  A  F  K  B  C  A  V  H  L  M
```

ANATOMIE

CHROMOSOOM

EMBRYO

ENZYM

EVOLUTIE

HORMOON

COLLAGEEN

MUTATIE

ZENUW

NEURON

OSMOSE

PLANTEN

FOTOSYNTHESE

EIWIT

REPTIEL

ZOOGDIER

SYMBIOSE

SYNAPS

CEL

30 - Elektrizität

```
L Q F Q O L F G K H R X O A A D
A K H O E V E E L H E I D U H R
S L A P A H U A X F N R P U A A
E J K B N E I C I R T K E L E D
R Q D Q E O H C S I R T K E L E
L T U M J L R U S T O E B I X N
N E G A T I E F T E T E W S L E
O A A L G P J E O L A N N I I T
B P Z A A Q S I P E R G P V P C
T M S G B K N T C F E A B E O E
R A N L G J R I O O N M S L L J
A L W V A E R S N O E R O E I B
O A Z F T G I O T N G L G T I O
I X B K Z D D P A N E T W E R K
K G P K E W A A C G J F K Z J E
X L Q Y B R U U T A R A P P A N
```

APPARATUUR	LASER
ACCU	MAGNEET
DRADEN	HOEVEELHEID
ELEKTRICIEN	NEGATIEF
ELEKTRISCH	NETWERK
TELEVISIE	OBJECTEN
GENERATOR	POSITIEF
KABEL	STOPCONTACT
OPSLAG	TELEFOON
LAMP	

31 - Garten

```
S Y J U W H U G A Z O N Z O M T
T A M G N A H N B S I I E F I R
R D E S I K Z A B O E U U D S A
U N D H A R K L J L O T P H W M
I A O E Q R Z S K S O M H P Q P
K R B T G E R T Q F V E Q R L O
L E E X R V P E J J E A M E V L
R V W M A J X B T G A R A G E I
T H K Q S I K O U Q B U T J E N
P W C I B V O O K R Z X G N I E
O N K R U I D M Q B J F A N T G
H U I A D S E G U L L E H Z D G
C C I Y J H T A H E K R N A H T
S T B A N K A A F Y I N P Q E H
G A L Y H S W R K W I D L R N L
X K X Q E P I D D B B E Z U D J
```

BANK	GAZON
BOOM	HARK
BLOEM	SCHOP
BODEM	SLANG
STRUIK	VIJVER
GARAGE	TERRAS
TUIN	TRAMPOLINE
GRAS	ONKRUID
HANGMAT	VERANDA
BOOMGAARD	HEK

32 - Antarktis

```
A Q W D A Z A M F O S N B K D L
X W N A B A V I Q R B S G A Y A
W E E R T Z N G D H E D E S A E
I M V B D E E R Q C H U O C C I
M J R D T P R A J K O V G H O F
I V S F N R W T R T U O R I N A
N B S Y I E T I U G D G A E T R
E Z R R G K B E U N C E F R I G
R H E X P E D I T I E L I E N O
A V J H H O N P A V I S E I E P
L K S E F Z I Q R E N X U L N O
E U T C H R W C E G O S P A T T
N U E E H E O B P M A G V N T S
E I L A N D E N M O V G D D Q E
E C G G Q N O A E Q A N P I W E
C G J U C O G I T H C A S T O R
```

BAAI	CONTINENT
IJS	MIGRATIE
BEHOUD	MINERALEN
EXPEDITIE	TEMPERATUUR
ROTSACHTIG	TOPOGRAFIE
ONDERZOEKER	OMGEVING
GEOGRAFIE	VOGELS
GLETSJERS	WATER
SCHIEREILAND	WEER
EILANDEN	WIND

33 - Fahren

```
W M F U G N D O N W F R U L B O
K O T U A T H C A R V E Q T R N
C T R U U Z D A E A P M A Z A T
A O A X C E U U P T V M I W N U
J R A A V E G T I K D E C W D N
M E K I N I Q O C T U N R Q S N
O G P T V E I L I G H E I D T E
T N L D V E L O N G E L U K O L
O A U I M R L O B O G G A M F G
R G C E C V E R V O E R A Z R G
F T Y H H E V F W T I E G R V A
I E J L Y K N U E R T E K X A X
E O D E C D J T G Z I K L T D G
T V N N Z N Q K I P L R W B T F
S X P S A G H D T E O E T P U F
W V Q R L C O I P P P V T I Z S
```

AUTO
REMMEN
BRANDSTOF
BUS
VOETGANGER
GARAGE
GAS
GEVAAR
SNELHEID
KAART

LICENTIE
VRACHTAUTO
MOTOR
MOTORFIETS
POLITIE
VEILIGHEID
VERVOER
TUNNEL
ONGELUK
VERKEER

34 - Physik

```
Z N R Z F M O O T A I D H M L E
V G D G X R O W M F K H Z G I L
T V K Q L K E T K O L P J W R E
N R V X S E M Q O T L J M P S K
F D L T O H S M U R D E S J N T
M E C H A N I C A E T S C J E R
T Y D C H K T K O J N P N U F O
I V G S C S E Y A T R T R C U N
M F S I R W N P S L W Q I T M L
G A S M J Q G R M E Z S A E A Q
F P G E S C A D I E H L E N S O
K B O H H X M Y U D G S L B S P
J W E C F O R M U L E Z C R A S
D I C H T H E I D X H M U S S N
V E R S N E L L I N G H N F P A
R E L A T I V I T E I T S C O W
```

ATOOM
VERSNELLING
CHAOS
CHEMISCH
DICHTHEID
ELEKTRON
FORMULE
FREQUENTIE
GAS

SNELHEID
MAGNETISME
MASSA
MECHANICA
MOLECUUL
MOTOR
NUCLEAIR
DEELTJE
RELATIVITEIT

35 - Bücher

```
Q D R B A G M X V W S Y J W A H
A N U F R M I O L N T E B Q V U
P E E A E M U R L T B H L E O M
U L T D L E Y P E I R E S E N O
V Q U G L I C C Z M M D H H T R
E G A W E Z T X E T N O C I U I
R N Z H T Ë M E R F J A A S U S
H R K C R O O B I N B H M T R T
A I T J E P O E W T K R B O T I
A A I N V E N T I E F N H R R S
L R G E S C H R E V E N V I A C
G E D I C H T C R O M A N S G H
R T U C U F I L S U G A R C I R
Y I C O L L E C T I E G H H S L
K L D D E G G A V U P J R A C V
B L A D Z I J D E H A E Z R H G
```

AVONTUUR
AUTEUR
DUALITEIT
EPISCH
INVENTIEF
VERTELLER
GEDICHT
VERHAAL
GESCHREVEN
HISTORISCH

HUMORISTISCH
COLLECTIE
CONTEXT
LEZER
LITERAIR
POËZIE
ROMAN
BLADZIJDE
SERIE
TRAGISCH

36 - Menschlicher Körper

```
U V R Z S G Z K D C X F U Y A L
O X I B L O R E N D U T R T B R
C T N N J O U N A I Y M C N O Q
V E O I G B O E H U E E K L J Z
X T W K R E D U O H C S A K P O
H O O F D L R S K W W M A D M D
K Q F B B L O K E Y N Z K L Q U
J E Q U D E O G E Z I C H T H S
E N K E L E D M P Z T I H R V S
W E Z R H Y K F E W R G X A D E
T E T O N G K L Z C J A J H C W
M B W U D G R T U W Z T W G E Z
Q I H J T X M M Q C E G H K B R
H E R S E N E N O S Q F L V I D
P L R M Z E O I R N O N A C L S
A X J Q J O P Q Z F D E O L B M
```

BEEN   KAAK
BLOED   KIN
ELLEBOOG   KNIE
VINGER   ENKEL
HERSENEN   HOOFD
GEZICHT   MOND
NEK   NEUS
HAND   OOR
HUID   SCHOUDER
HART   TONG

37 - Agronomie

```
E I S O R E Z P E B I G F E L Y
I N Q F L K J I L E D N A L A Q
R E E A Y H Z B N A Q P N I N C
O M I R P C O I N J N A S Q D J
M E T B G S U E E W I T W K B M
G T C M N I R O O K B P E Z O E
E S U Y I N E R A M T D A N U S
V Y D L L A K G Y B Z E R W W T
I S O E I G O L O C E W N I T G
N H R E U R D U U R Z A A M S R
G C P E V O R I V N Y E E E T O
K L I C R M Y T K V P R Y D U E
W R M T E R S R Q N G V F O D N
V L K X V U U L N M F R L B I T
W A T E R W N S H O H Q W T E E
W E T E N S C H A P M P F T C F
```

BODEM

MEST

ENERGIE

EROSIE

GROENTE

ZIEKTEN

LANDBOUW

LANDELIJK

DUURZAAM

ORGANISCH

ECOLOGIE

PLANTEN

PRODUCTIE

STUDIE

SYSTEMEN

OMGEVING

VERVUILING

GROEI

WATER

WETENSCHAP

38 - Landschaften

```
M T C L Y I T O R G K X H C J Z
O E S A V J O M O E R A S N G Y
O A E V T S E L M K E C Q S L T
V J S R G B N T C P Q R X C E D
J U T E R E D X G D P G Z H T G
Z F G T I R R U T Y K X E I S E
Z O Z A V G A W T A H A E E J I
Z I L W I F B U B F D G L R E S
L E D D E S I A E W X G E E R E
V V N N R F H H R O U Z I I H R
M N A A K L U V G D E B J L K T
C B R L Y O H E U V E L H A V I
Q T T I L G T H K A R U L N I J
H F S E P E D N H Y X M E D D Q
N V Z Q H C I W O E S T I J N S
Z B B C V N R V B Z W J L R N Q
```

BERG
IJSBERG
RIVIER
GEISER
GLETSJER
GOLF
SCHIEREILAND
GROT
HEUVEL
EILAND

ZEE
OASE
MEER
STRAND
MOERAS
VALLEI
TOENDRA
VULKAAN
WATERVAL
WOESTIJN

39 - Abenteuer

```
V E R R A S S E N D O T K N O H
S D E M S A I S U O H T N E N L
R G I V E I L I G H E I D D G O
I U S C H O O N H E I D L F E V
O E R K J I L R A A V E G V W R
A R U U T A N N Q L K O C J O I
G V C X I V Y A F Q P X A A O E
R X X L Z B Z V U M D S E Q N N
E T E E J I M I W E R N I L H D
I Y P X E T V G T E S A W E O E
Z N H L E A X A K M M K U U R N
E H T O T I E T I V I T C A R I
N A Y G N I D I E R E B R O O V
V G G M S T G E N I E U W U O P
U G C X B P O W O I Y K J Q C P
J V F Z D U A T M M R V C I X D
```

ACTIVITEIT
EXCURSIE
ENTHOUSIASME
KANS
VREUGDE
VRIENDEN
GEVAARLIJK
NATUUR
NAVIGATIE

NIEUW
REIZEN
REISPLAN
SCHOONHEID
VEILIGHEID
MOED
ONGEWOON
VERRASSEND
VOORBEREIDING

40 - Flugzeuge

```
B E M A N N I N G M J V Q U B E
M D N C L W N O F L O C U Z C O
A T M O S F E E R U U T N O V A
P H C Z I U R U L T X Y O L F Q
R C X C O A E T G O O H B R B R
O U P A D V G R E I G A S S A P
P L A W R C I P S P N Y R S G R
E N X A Y X V Y C A I M Q J I E
L P L T W K A O H J L L N L V W
L B L E W L N K I H A E O U O T
E O D R O E T P E O D M L O P N
R U E S G R E A D N F E L C T O
S W C T T W Q R E I A H A H G V
O Y N O J E I T N E L U B R U T
U K O F U W Y R I X E K N K X X
P H X W M F O T S D N A R B W F
```

AVONTUUR
AFDALING
ATMOSFEER
BALLON
BRANDSTOF
BEMANNING
ONTWERP
GESCHIEDENIS
HEMEL
HOOGTE

BOUW
LUCHT
MOTOR
NAVIGEREN
PASSAGIER
PILOOT
PROPELLERS
TURBULENTIE
WATERSTOF
WEER

41 - Haartypen

```
B L O N D I N N D F G Q K G A G
W H A U N X Z U W C Z A R E Z E
V R H D O R B B Y E M C U K I V
R P U N Z D R O O G T B L L L L
V H S E E Z H O Q Z X M L E V O
K A A L G G O L V E N D E U E C
I Z V L O L C Q Z C B B N R R H
D V X U T L A N G A J J X D Q T
L L T R A W Z L M Y C L B J X E
D E U K K E E R R W V H H D T N
G C K E S K C P Z K I I T R N U
L H Z Z C O Q B M Z C T R O K K
V T X J J F C T R W G K O P U B
C E C F P S S J V U M D S P D M
D N D K E S A A S J I R G L H M
H J I R W V A M V N Q N L I Q M
```

BLOND	LANG
BRUIN	KRULLEN
DIK	KRULLEND
DUN	ZWART
GEKLEURD	ZILVER
GEVLOCHTEN	DROOG
GEZOND	ZACHT
GRIJS	WIT
KAAL	GOLVEND
KORT	VLECHTEN

42 - Essen #1

```
M X A U R C T D R U A R S S D M
W E S U I K E R N M C X V H V F
I W L J U V I C Z E M K P Z W Q
E H F K A J F H I E B D R A A G
C G O J F W F O K T W Y E H T H
T O N I J N O Z Y K R M E M R H
D B U I E U K W M D X O P A S H
C I A D N I P O Z I E B E Q X B
E X S S R F W O R T E L O N J M
R A A P I I P E V L E E S D U B
A T K O O L F O N K P H B T T B
V P K Z P E I Z A N I P S B G U
U J P P X E M C S I J R Y H V E
U X R U O N J F U U A Z Z Q A G
P H D P O A B G B M Z O U T E R
D U D V U K S A L A D E C V G M
```

BASILICUM   SAP
PEER   SALADE
AARDBEI   ZOUT
PINDA   SPINAZIE
VLEES   SOEP
KOFFIE   TONIJN
WORTEL   KANEEL
KNOFLOOK   CITROEN
MELK   SUIKER
RAAP   UI

43 - Gebäude

```
O R Y Q H O T E L P D P Z G L O
O B L N E U R J Y T J F O D A P
F F S I U H N E K E I Z V Q B U
F B A E T K N T Q Z R O K J O B
G R E B R E H B M U E S U M R I
T N E T R V T D U I D T S F A O
E H X N A I A L Y Z R A C C T S
Q N E R O T E T C Y E D H A O C
M Z A A T F R K O F O I O B R O
H B H B T M S B P R B O O I I O
A T A B Q E P X R H I N L N U P
T I E T I S R E V I N U L E M E
S U P E R M A R K T S U M E D E
S C H U U R K R V O Q O V Q T M
G A R A G E D A S S A B M A A M
L N X N Q U G J Z D T G R D D B
```

BOERDERIJ	MUSEUM
AMBASSADE	OBSERVATORIUM
FABRIEK	SCHUUR
GARAGE	SCHOOL
HERBERG	STADION
HOTEL	SUPERMARKT
CABINE	THEATER
BIOSCOOP	TOREN
ZIEKENHUIS	UNIVERSITEIT
LABORATORIUM	TENT

44 - Mode

```
T  L  T  I  H  I  M  E  K  M  S  Z  U  C  W  Y
B  E  S  C  H  E  I  D  E  N  O  F  Y  D  D  U
C  K  O  R  I  G  I  N  E  E  L  D  D  V  A  P
Q  N  Y  A  S  V  C  J  K  V  J  L  E  W  C  E
Y  I  O  A  B  P  G  R  S  A  I  B  E  R  L  L
W  W  K  B  L  O  G  Y  L  M  T  N  A  K  N  E
B  P  K  L  E  K  R  N  O  Y  S  C  F  D  K  G
W  A  L  A  B  T  A  D  V  W  L  S  B  Q  F  A
Y  T  E  A  A  R  E  V  U  X  R  H  D  W  F  N
R  R  D  T  T  E  O  E  L  U  X  K  N  O  P  T
U  O  I  E  R  N  K  B  D  J  R  X  E  C  I  F
U  O  N  B  O  D  Z  F  P  G  D  W  F  O  G  T
T  N  G  M  F  O  T  S  K  D  J  A  E  N  I  D
X  Z  Y  V  M  V  K  I  M  G  U  F  W  R  W  K
E  E  N  V  O  U  D  I  G  F  G  U  K  Y  K  O
T  C  R  H  C  S  I  T  K  A  R  P  R  P  G  W
```

BESCHEIDEN
WINKEL
EENVOUDIG
ELEGANT
BETAALBAAR
KLEDING
COMFORTABEL
MODERN
PATROON
ORIGINEEL

PRAKTISCH
KANT
BORDUURWERK
STIJL
STOF
KNOP
DUUR
TEXTUUR
TREND

45 - Angeln

```
B M O C E A A N K T X L Q K K O
O M M S K I B O P O M S X J I V
O D K A R I V I E R N E P Q E E
T M U A N V I N N E N S E T U R
H J B W U D L U D E G L S R W D
C U Y J W C J J Z O X L D X E R
I A P P A R A T U U R K E H N I
W T H Y Y E Y B P M P Q O R R J
E S A V F S S D Y X B Z F K Y V
G Q A U S S E I Z O E N N W R I
R W K J T P L O S F D W T N G N
H J O N R E T A W K O F N T A G
A K C E A T A E V C G X Q E G C
Y D K U N A W J S F N A E G H U
Y Q K W D W T G H H J M S C F O
D D R A A D S T R P V G K A A K
```

APPARATUUR   KIEUWEN
BOOT   KOK
DRAAD   MAND
VINNEN   AAS
RIVIER   OCEAAN
GEDULD   MEER
GEWICHT   STRAND
HAAK   OVERDRIJVING
SEIZOEN   WATER
KAAK

46 - Essen #2

```
Q F Q P R M S B G A I E Z K L A
S E L D E R I J R O P L M E S S
A B E O S K V K T O S P I R T P
A N D T A R W E G M O C E S A E
K H N A A N A B B V N D D L R R
G S A S K D O J V Q Z J T E T G
N U M A H L F J B M R D T O I E
A U A Y P B W G R U T K O T S T
U U A H I T C W O P X A M S J J
T M B E J A Q Z C L E U A E O I
F Z F E D A L O C O H C A D K U
K I D X R X U X O Z V W T D G M
L S T H P G P W L L G I L A U G
F B A T S J I R I N S E G P P R
Y O G H U R T N F G F A T C I N
A C N U K C I E E F H T V I I H
```

APPEL
ARTISJOK
AUBERGINE
BANAAN
BROCCOLI
BROOD
EI
VIS
YOGHURT
KAAS

KERS
AMANDEL
PADDESTOEL
RIJST
HAM
CHOCOLADE
SELDERIJ
ASPERGE
TOMAAT
TARWE

47 - Energie

```
T H V B R A N D S T O F G Y H F
Q I V E N I B R U T O O K G E K
B O T F R E L E K T R O N F R V
E M W N L V O M G E V I N G N B
D Y T Y N C U H S Z Z D D E I E
L I L N H C S I R T K E L E E N
F E E J R I A E L C U N G N U Z
G I W S X X X Z F I H G R I W I
N P F R E T Q F O Q N W T U B N
M O T O R L F O T O N G T E A E
I R N U E I R T S U D N I W A W
X T B H E B R S R N O P F Z R I
X N I X S G Z L E E A Z O N U N
B E O I I L L O T L C U C H V D
W A R M T E B O A R C K E A N A
N Y J A I A M K W T U C G V V D
```

ACCU   KOOLSTOF
BENZINE   MOTOR
BRANDSTOF   NUCLEAIR
DIESEL   FOTON
ELEKTRISCH   ZON
ELEKTRON   TURBINE
ENTROPIE   OMGEVING
HERNIEUWBAAR   VERVUILING
WARMTE   WATERSTOF
INDUSTRIE   WIND

48 - Familie

```
K X I Y X V M H H I G C R Q W K
Z M I A P O K J I L R E D A V V
N A M R O O E G V B O H T G O U
E I U B L R F Z P A O Z F N M G
R K C F V O T B R E T T Y I A Q
E P I H W U O R V S M R V L N T
D V S N T D G U E J O N L E W O
N V R E D E O M B K E S W E C H
I A E D L R W A A D S P W E S
K D D O C H T E R J E K X T R S
O E R V C B B O J G R E T G V G
G R P N Z A S M K Q E S R L C Q
Q G N F P Z N E E F O O M S E G
Q C W Z F I V X N Z R R U G K N
K L E I N Z O O N U B R X J M B
N G U F R O F Q J S M M P C N U
```

BROER
VROUW
MAN
KLEINZOON
GROOTMOEDER
OPA
KIND
KINDEREN
JEUGD
MOEDER

NEEF
NICHT
OOM
ZUS
TANTE
DOCHTER
VADER
VADERLIJK
VOOROUDER
TWEELING

49 - Pflanzen

```
C  I  K  A  Z  M  A  Z  E  A  G  D  H  M  N  C
P  G  S  A  B  L  O  E  M  B  L  A  D  J  V  H
V  D  T  S  E  Y  X  A  E  W  F  S  A  R  G  R
Y  Z  S  I  O  M  Y  C  C  A  R  T  O  L  M  Q
I  N  P  Z  B  C  T  G  L  J  L  R  Y  M  O  T
B  L  O  E  M  H  J  U  I  Y  E  U  J  F  O  T
R  S  M  O  A  H  E  M  O  Q  W  I  I  T  D  K
T  B  I  V  B  A  Z  X  G  T  C  K  W  Q  V  H
L  H  L  V  E  D  N  U  K  T  N  A  L  P  Y  I
F  S  K  J  G  G  Z  W  P  S  Y  P  Q  J  Y  J
S  T  U  I  N  S  E  T  R  E  D  A  L  B  E  G
K  S  U  M  I  C  K  T  E  U  S  G  R  R  R  Q
S  E  J  B  O  O  M  H  A  R  O  L  F  C  G  P
S  M  U  W  O  R  T  E  L  T  B  K  R  U  I  D
L  E  O  O  M  C  M  I  K  Z  I  E  L  Y  N  J
C  A  C  T  U  S  E  B  Y  J  T  E  S  R  T  Q
```

BAMBOE	FLORA
BOOM	TUIN
BES	GRAS
BLOEM	CACTUS
BLOEMBLAD	KRUID
BOON	GEBLADERTE
PLANTKUNDE	MOS
STRUIK	VEGETATIE
MEST	BOS
KLIMOP	WORTEL

50 - Kunst

```
L D U S W G M M V B R D H O S V
D J E M S I L A E R R U S N C I
K A L S M D O V M J N X Z D H S
K R E W W U O H D L E E B E I U
J U E S K O B C G B R L G R L E
I E N J O V M S S U E P N W D E
L M I D E N Y I C J T M I E E L
R U G Z Z E S M Y R T O K R R I
E H I W Ë E I A Y T E C K P I Y
E O R G N O U R S J R Ë U N J P
J L O K S N P E G W T Q R H E Q
P H L L W F M K O O R Y D E N T
K N N C N I K V S A O L T R N P
W C M O N K I V M V P S I L M A
G E Ï N S P I R E E R D U Z S N
Y T P E R S O O N L I J K D K S
```

UITDRUKKING
EERLIJK
EENVOUDIG
ONDERWERP
SCHILDERIJEN
GEÏNSPIREERD
KERAMISCH
COMPLEX
ORIGINEEL

PERSOONLIJK
POËZIE
PORTRETTEREN
CREËREN
BEELDHOUWWERK
HUMEUR
SURREALISME
SYMBOOL
VISUEEL

51 - Gewürze

```
D K U E Y N N M Z M M Z Z R U X
G O Z G R L L F R O O J F K J L
C O H M K J L W O M U I X R P L
X L E S M A A K D E I R R E K E
Q F M P I T K C Z D A D W V A B
Z O U T C I G L J R E P E P D F
G N O O T M U S K A A T G A R G
T K V Y Y E C A S K O L Z P O H
J S X L S F N N K A K Z G R P O
H P V A P N U L R R F S J I N A
K R U I D N A G E L U F K K Q V
P U E F F A Z T T E E M R A S L
D U E B Z O E T T K Q E T A Q N
V Z R R M E L L I N A V N E A G
K N Y Z Q E R K B E V F N A Z N
O O R H S S G E N V W P T Z K J
```

ANIJS
BITTER
KERRIE
VENKEL
SMAAK
GEMBER
KARDEMOM
KNOFLOOK
DROP
NOOTMUSKAAT

KRUIDNAGEL
PAPRIKA
PEPER
SAFFRAAN
ZOUT
ZUUR
ZOET
VANILLE
KANEEL
UI

52 - Kreativität

```
E B E E L D I V F X U G I E N P
I C L Y I O N A A T N O P S Ë F
T U H E Z X D I E H R E D L E H
A I V T V H R S T D C Q E I E C
R T I U H K U W P P J B H I D K
I D T G C E K P B O I D F M I X
P R A N S I I I N V E N T I E F
S U L I I T Q D T Z O G G V R B
N K I D T S X R J O W T E I Z W
I K T L A I S S N B A G V S P T
O I E E M T V O Q S H E O I D P
A N I E A R K K I Q T V E O M R
I G T B R A N Z R B O O L E J N
V A A R D I G H E I D E E N I B
I N T E N S I T E I T L N E U T
G I R V I N T U Ï T I E S N K G
```

UITDRUKKING

ECHTHEID

BEELD

DRAMATISCH

INDRUK

INVENTIEF

VAARDIGHEID

GEVOELENS

IDEEËN

INSPIRATIE

INTENSITEIT

INTUÏTIE

HELDERHEID

ARTISTIEK

VERBEELDING

GEVOEL

SPONTAAN

VISIOENEN

VITALITEIT

53 - Geschäft

```
B W E R K G E V E R I E N J R W
D E D F A B R I E K N I H M O J
T U L K O S T E N H K M I A C L
J H E A J G D Y T P O O K R E V
L J G Y S C V W Q N M N K E V H
K Z L O B T A J K B E O O M T U
W I N K E L I R N I N C R E V O
R M O K I X K N R A M E T N A H
B D O W T X G M G I S O I K L N
X K K M C N R V A E È E N R U P
H J H Q A Q B G D H N R G E T A
W I I V S K A N T O O R E W A W
N I T Q N I N V E S T E R I N G
U F N L A M A N A G E R V S C A
E N T S R A A W S L E D N A H A
M Z W K T B E G R O T I N G F X
```

WERKGEVER	KOSTEN
BEGROTING	MANAGER
KANTOOR	WERKNEMER
INKOMEN	KORTING
FABRIEK	BELASTINGEN
GELD	TRANSACTIE
WINKEL	VERKOOP
WINST	HANDELSWAAR
INVESTERING	VALUTA
CARRIÈRE	ECONOMIE

54 - Ingenieurwesen

```
D  I  S  T  R  I  B  U  T  I  E  T  L  X  M  V
S  F  T  W  S  R  I  S  L  A  W  S  B  K  L  O
W  N  W  D  I  A  M  E  T  E  R  L  U  C  N  O
U  H  B  E  D  H  G  U  N  I  J  D  G  W  E  R
O  G  U  K  T  I  E  T  I  L  I  B  A  T  S  T
B  E  R  E  K  E  N  I  N  G  Q  D  Y  Y  S  S
L  E  S  E  I  D  H  H  G  N  I  T  E  M  T  T
D  I  A  G  R  A  M  O  S  R  O  E  Y  D  R  U
D  S  X  M  H  X  Y  E  Y  T  E  R  Z  I  U  W
K  C  J  N  I  D  E  K  K  Q  O  N  C  E  C  I
C  O  H  L  V  V  H  Q  Y  S  P  G  E  P  T  N
V  E  R  S  N  E  L  L  I  N  G  E  N  T  U  G
T  V  F  O  T  S  I  E  O  L  V  B  F  E  U  P
S  U  Z  I  T  H  C  A  R  K  E  Z  A  Y  R  W
D  W  N  E  M  O  B  F  E  H  Q  P  N  E  E  B
E  N  I  H  C  A  M  D  M  J  F  W  W  N  T  H
```

AS
VOORTSTUWING
BEREKENING
DIAGRAM
DIESEL
DIAMETER
ENERGIE
VLOEISTOF
VERSNELLINGEN
HEFBOMEN

BOUW
MACHINE
METING
MOTOR
STABILITEIT
KRACHT
STRUCTUUR
DIEPTE
DISTRIBUTIE
HOEK

55 - Kaffee

```
V M P W S M V B L C O S I J J I
L P T Q L S Q V A R I Ë T E I T
O G R V Z Y B E N Ï E F A C A P
E E E I Z S F B I D M T S U R K
I R T Z J W D R A N K R A R O M
S O T G L S A Y A E L F G W M A
T O I D H T S R S T E H N E A L
O S B J I R O E T H M O O R B E
F T Q T W N B T M C K U R E E N
P E A D J T Z L Z O X Z P K K N
J R D R U D I I L R J U S I E Y
W D C S L O A F Y Z U U R U R V
T X Y M M N V U F A U R O S Q U
O S J A Q G A Q H X T C O O N D
O U R A H Z K I U F B Z E X D F
P L O K F E C H F O N Y Y K E A
```

AROMA
BITTER
ROOM
FILTER
VLOEISTOF
GEROOSTERD
SMAAK
DRANK
CAFEÏNE
MALEN

MELK
OCHTEND
PRIJS
ZUUR
ZWART
BEKER
OORSPRONG
VARIËTEIT
WATER
SUIKER

56 - Gemüse

```
P G U Z Z X D R X C W V D D K Z
A E I J F L I L K O O L F O N K
A N T A A M O T A Z R N A O M S
R I A E E R W T J X T E T I P A
D G Q P R W W F J R E B M E G L
A R R A Y S Z G C N L H R H U A
P E V A O J E S P I N A Z I E D
P B S N A X K L Y V J G E S X E
E U W E N P U X I C V D X T C O
L A Q O L E O T S E D D A P Z L
I U V P K D B L O E M K O O L I
R G V M X S E A R T I S J O K J
C J S O P V T R T V Q V L E C F
V B Z P T R M Z I D L T U Y F D
K O M K O M M E R J W Y B Q A L
B R O C C O L I N O L V G Z T B
```

ARTISJOK
AUBERGINE
BLOEMKOOL
BROCCOLI
ERWT
KOMKOMMER
GEMBER
WORTEL
AARDAPPEL
KNOFLOOK

POMPOEN
OLIJF
PETERSELIE
PADDESTOEL
RAAP
SALADE
SELDERIJ
SPINAZIE
TOMAAT
UI

57 - Schönheit

```
F G T U J K E I N E G O T O F L
C D U F K G L U O R Z R G C F I
O E X T X R N E L L U R K O C P
D I E N S T E N U S I Q O S Q P
I T M A B J U M Q R H Ë W M J E
U N R G D G A H E A C H N E T N
H A A E R S Q T D A U J N T X S
C G H L O O P M A H S F Y I O T
R E C E D Q W I N C C I C C F I
G L G W Q S K T E S Q S R A W F
G E L R G H Z A G G T H K Z G T
H U A R A C S A M Z E R P I E F
J D D Y N K Y P R B F L L F F G
P R O D U C T E N M E G E U R S
T Y O Q L G Z E K T C T V X X W
W S T I L I S T G K O X P S D O
```

GENADE
CHARME
DIENSTEN
GEUR
ELEGANT
ELEGANTIE
KLEUR
FOTOGENIEK
GLAD
HUID

COSMETICA
LIPPENSTIFT
KRULLEN
OLIËN
PRODUCTEN
SCHAAR
SHAMPOO
SPIEGEL
STILIST
MASCARA

58 - Tanzen

```
P X W L N I S M R F B Q G K L A
B A A C A D E M I E I T O M E T
E N R K B D M V B I O R E C E R
W C W T G D T N H S O E D W R A
E C O S N H I O I S F P U L U D
G F R N E E R T B E G E D V T I
I S Q U G C R P T R I T E I L T
N M Q K N O U A Y P G I M S U I
G O Z J I G V L F X N T U U C O
O Y K S R S S W T E I I Z E G N
T L F D P L P T G U D E I E E E
H K C S S T R D M H U C E L N E
Q B W B X B L I J Y O R K A A L
O S B D R X Q L I C H A A M D N
C H O R E O G R A F I E S Q E D
K L A S S I E K R W R R Y M E L
```

ACADEMIE
GENADE
EXPRESSIEF
BEWEGING
CHOREOGRAFIE
EMOTIE
BLIJ
HOUDING
KLASSIEK
LICHAAM

CULTUUR
CULTUREEL
KUNST
MUZIEK
PARTNER
REPETITIE
RITME
SPRINGEN
TRADITIONEEL
VISUEEL

59 - Ernährung

```
E I F E R M E N T A T I E E C C
V T F F J M Q E I D M C J E A H
E Z L E E D W V C T M A G T L G
N F X D I E H D N O Z E G B O O
W G D Y V W F F T B O R M A R F
I E V Y E Y I X I S N E Z A I O
C Z K Y S T I E E I D X R E T
H O S Z T D Z S T I B H Q Y Ë S
T N T A T W T U I E A P O Z N S
I D H R U B E L L U N E N A R G
G F C Q I S I T A W L N W G E N
A I I B S J K E W Q U X F E T I
F O W Y M P J E K V B R Y E T D
N N E T A R D Y H L O O K D I E
T Z G N A V I T A M I N E T B O
Z X R T K T O X I N E D C W N V
```

EETLUST
EVENWICHTIG
BITTER
DIEET
EETBAAR
FERMENTATIE
SMAAK
GEZOND
GEZONDHEID
GRANEN

GEWICHT
CALORIEËN
KOOLHYDRATEN
VOEDINGSSTOF
DEEL
EIWITTEN
KWALITEIT
SAUS
TOXINE
VITAMINE

60 - Länder #1

```
N V E N E Z U E L A B U O B O U
O R J H P A C U M D R U M O A A
O T N W E H R C J A A N H F C Z
R E A H E G M F Q N Z A Q X O G
W C P I C T Y L X A I H I B J M
E A S M U M K P Y C L F R D E A
G M P L S A N I T L I Z A C N L
E B L O E N Z T P E Ë L K I S I
N O E Z L T B A F I N L A N D B
U D T M W E R L N Q O R U I P X
O J L S P I N I Ë I N E M E O R
G A A M L V Q Ë L S M S R T L N
K W N H D A U G A R A C I N N G
A P D S B D S D N A L S T I U D
B E Q V U D D I D Ë P Q C F Y Z
J V I Y O U Q W Y L A G E N E S
```

EGYPTE
BRAZILIË
DUITSLAND
FINLAND
INDIA
IRAK
ISRAËL
ITALIË
CAMBODJA
CANADA

LETLAND
MALI
NICARAGUA
NOORWEGEN
POLEN
ROEMENIË
SENEGAL
SPANJE
VENEZUELA
VIETNAM

61 - Technologie

```
O L E E U T R I V S C R E Y I T
B E S T A N D N E O D F S D I L
S U Z Y C G Q T W F O N Y Z E Z
Y C C Z S O Y E P T H C I R E B
G G H J O T H R H W H S D F T F
C Z D E C U K N L A A T I G I D
H A D W R Q L E S R B R O M E I
I O M M Z M G T J E A I T K C E
Q I D E S T A T I S T I E K U H
M T Z T R E S W O R B Y W R R G
A N A I M A V I R U S E B R S I
B L O G S G C O M P U T E R O L
O N D E R Z O E K X P M B E R I
G E G E V E N S M R Y K X D C E
F R Q L E T T E R T Y P E H M V
R A B Z J R L M M J T D Q O E K
```

SCHERM
BLOG
BROWSER
BYTES
COMPUTER
CURSOR
BESTAND
GEGEVENS
DIGITAAL
ONDERZOEK

INTERNET
CAMERA
BERICHT
LETTERTYPE
VEILIGHEID
SOFTWARE
STATISTIEK
VIRTUEEL
VIRUS

62 - Wasser

```
D G J M S E J U W D X N M K D M
G O O R F W P K I K W Y G Q R E
F E U L D O J P O A U J E V I E
O X I C V Y L Q A N E G E R N R
W I R S H E G H M A E I Z E K M
G M X M E E N H D A N T G I B O
N K B P Z R G W I L S H X V A E
I R R I G A T I E X W C Y I A S
P B H A X I J S H M W O U R R S
M P R U Z W S T G W M V I U Q O
A K W D F T D J I Z F R I U A N
D S O R K A A N T S R O V K Z U
R T Y G D Q T S H G Y J W D Z E
E O I M L E X D C V Y L Y N H Z
V O Y Q G N I M O R T S R E V O
K M A F H U N Z V O C E A A N U
```

IRRIGATIE	ORKAAN
STOOM	KANAAL
DOUCHE	MOESSON
IJS	OCEAAN
VOCHTIG	REGEN
VOCHTIGHEID	SNEEUW
RIVIER	MEER
OVERSTROMING	DRINKBAAR
VORST	VERDAMPING
GEISER	GOLVEN

63 - Science Fiction

```
F H I B S T C X L D L F P H M G
T Q T Z B Q E I S O L P X E Y L
L C A H C S I T S I R U T U F B
E D Y S T O P I E Q K O G U F C
Z N S Q S B O L G T U O J X A W
Q Ë M E E R T X E L V I P K N E
P I C I Y A U N N Z G R H J T R
L L H T L N E K E O B A W L A E
A A M G I D L E E B K N E D S L
N C X K L N B A T B B E M P T D
E I S U L L I K P O O C S O I B
E M Y S T E R I E U S S I O S L
T E I G O L O N H C E T N Z C T
X H C S I T S I L A E R Y I H J
V C R O B O T S P E K C E C S Q
R C O R A K E L H A U A W Y E X
```

BOEKEN

CHEMICALIËN

DYSTOPIE

EXPLOSIE

EXTREEM

FANTASTISCH

BRAND

FUTURISTISCH

MYSTERIEUS

ILLUSIE

DENKBEELDIG

BIOSCOOP

ORAKEL

PLANEET

REALISTISCH

ROBOTS

SCENARIO

TECHNOLOGIE

UTOPIE

WERELD

64 - Literatur

```
A  I  P  P  D  B  N  L  I  T  F  Q  E  G  H  R
N  U  G  V  R  F  C  H  C  S  I  T  Ë  O  P  A
R  H  T  G  E  D  I  C  H  T  C  K  Q  O  N  S
M  A  P  E  S  Y  L  A  N  A  T  I  P  P  L  T
G  C  H  T  U  Q  U  F  Z  H  I  H  C  T  K  I
N  K  F  O  U  R  G  Z  R  H  E  S  S  H  V  J
I  X  X  D  B  I  O  G  R  A  F  I  E  E  E  L
V  M  W  K  F  T  O  O  D  W  A  R  T  M  R  J
J  Z  Y  E  K  F  L  M  F  X  G  B  D  A  T  X
I  G  S  N  P  K  A  Q  V  A  Q  D  Y  D  E  J
R  S  R  A  R  P  I  M  L  Y  T  E  T  Z  L  I
H  R  K  R  R  S  D  R  I  T  M  E  Z  S  L  B
C  O  N  C  L  U  S  I  E  Y  T  R  M  A  E  Q
S  T  R  A  G  E  D  I  E  R  W  B  I  G  R  I
M  A  N  A  L  O  G  I  E  R  J  H  H  J  G  Q
O  M  R  O  M  A  N  S  Z  H  A  M  U  K  M  B
```

ANALOGIE
ANALYSE
ANEKDOTE
AUTEUR
OMSCHRIJVING
BIOGRAFIE
DIALOOG
VERTELLER
FICTIE
GEDICHT

METAFOOR
POËTISCH
RIJM
RITME
ROMAN
CONCLUSIE
STIJL
THEMA
TRAGEDIE

65 - Wandern

```
Z W A A R R I H C J H W C B G L
X X W A H K Z T C S Z A S J E G
W D D I S X L P F M O T U W V I
N E Z R A A L I N K N E L O A D
L A S T E N E N M F P R G L R S
W S T K A A R T C A W E E R E E
T M H U D I E R E N A T O P N N
N S M W U N S G Y O H T F L P H
M O E I Z R O R I Ë N T A T I E
I E V L Y E D D R F E M U X X C
E H B D Z T S J D Y V I D S V Z
A H F W H D N I Z W X A B W T T
F L X G K P E B N M R O K E U C
Q X V Q E J Z E B S F R S I R I
K A M P E R E N K L I F D A B G
J V O O R B E R E I D I N G R H
```

BERG	ORIËNTATIE
KAMPEREN	ZWAAR
GIDSEN	ZON
GEVAREN	STENEN
TOP	LAARZEN
KAART	DIEREN
KLIMAAT	VOORBEREIDING
KLIF	WATER
MOE	WEER
NATUUR	WILD

66 - Länder #2

```
S P Ë G A Q L I B E R I A I Q T
F Ë I R Y S L A G G D S C Q X L
Y L P E H N T G E G T F I B L I
L A O S G L U P N C C G A T Q E
P D I L F D I H Ï A G I M F Q R
V N H H U P C O A I T Ï A H S L
C A T Y D B R O R C V S J L O A
V G E C R Z K C K B D K I N E N
Z E A L B A N I E L G J Q K D D
N O X M G Q H X O K Z I M E A V
Z P D N A L N E K E I R G N N P
O O A I A N C M L G K K H I V P
C I U Z N P E B W G C N U A T K
N I G E R I A P T L X A H Y F P
P A V C E S B J A N P R E C P H
R U S L A N D E L L K F B K G Z
```

ALBANI	LIBERIA
ETHIOPIË	MEXICO
FRANKRIJK	NEPAL
GRIEKENLAND	NIGERIA
HAÏTI	PAKISTAN
IERLAND	RUSLAND
JAMAICA	SOEDAN
JAPAN	SYRIË
KENIA	OEGANDA
LAOS	OEKRAÏNE

67 - Fahrzeuge

```
V E R T R E I N J N I Y I F N W
D L B F A A C C Z Q D S K N E M
B D I C A R A V A N T N M J Q Y
X Q X E F R E T O O C S X K K O
S Q A C G O Z H S V D T I D W Y
R I T N R T O L V R N E D N A B
E H Y A Ë C U X X A G I T O U N
C B T L E A B I Q C S F D Z T A
E T F U E R L U G H M M X S O R
Y L W B Z T P Q S T P O B H Y L
W B C M R A K E T A A T Z O R I
S K D A E S W D A U A O M D O S
F S H X D D P G C T Q R P R B T
U X E P N R E T P O K I L E H F
C F Q P O W O T A B Q L N L W C
M E T R O B J V E E R B O O T O
```

AUTO	MOTOR
BOOT	RAKET
BUS	BANDEN
FIETS	SCOOTER
VEERBOOT	TAXI
VLOT	TRACTOR
VLIEGTUIG	METRO
HELIKOPTER	ONDERZEEËR
AMBULANCE	CARAVAN
VRACHTAUTO	TREIN

68 - Musikinstrumente

```
D X D T D W P B L H Q N B D O K
Z S P C O F T E N I R A L K J L
C N D J S A D Z R A A T I G U O
T E P M O R T D F C L T X N S K
P X L O O I V C S M U J L O E K
P M Z L E M M O R T F S U G P E
E P N O O F O X A S B D S T M N
T R O M B O N E Z T A N W I D S
I F A G O T D K G X N Q I J E P
U P I A N O P S I H J D L M D E
L N C I E V H U V A O J D H E L
F P D F T B Y E D R A A E U K E
H O B O D D K S F P G A A U E U
M O N D H A R M O N I C A Y E K
F P M A N D O L I N E B C B J F
T A M B O E R I J N K D H O G B
```

BANJO	PIANO
CELLO	MANDOLINE
FAGOT	MONDHARMONICA
FLUIT	HOBO
VIOOL	TROMBONE
GITAAR	SAXOFOON
KLOKKENSPEL	PERCUSSIE
GONG	TAMBOERIJN
HARP	TROMMEL
KLARINET	TROMPET

69 - Blumen

```
Q V Q Q X G J J J B L M S U P O
O Q A I L O N G A M U I J Y A R
P L U M E R I A K S J G L S A C
L T Z Q C B J D P U M W U A R H
U Z K C C U P R M T N I T E D I
T T O V V H P H Q R J S J K E D
L E D N E V A L I E X M D N B E
Y K M A N X H J K V B A W D L E
M E O L B E I S S A P D Z B O L
Y O A B S Q B O E P H E I L E L
Z B S U J S I L P A S L D I M D
S P O S V N P B O P J I M I L H
P I O E N R O O S E R E V A L K
G A R D E N I A L P M F C O S X
P B L O E M B L A D A J M B W A
H I B I S C U S C G E E R R B U
```

BLOEMBLAD
GARDENIA
MADELIEFJE
HIBISCUS
JASMIJN
KLAVER
LAVENDEL
LILA
LELIE
PAARDEBLOEM

MAGNOLIA
PAPAVER
ORCHIDEE
PASSIEBLOEM
PIOENROOS
PLUMERIA
ROOS
ZONNEBLOEM
BOEKET
TULP

70 - Natur

```
T V Z N L A A M Q N E E R E S O
G R I M I S T Q F H D R M T S I
E E O T C H H R G S X E O F B Q
B B D P A P M K P S R J D S D U
L W Y M I A A R H C D S G R I T
A N N G F S L Z E H G T I U E E
D L I W G Y C U V U G E L S H A
E M B H J G C H Z I H L I T N P
R U I B E R G E N L S G E I O V
T I J D I E R E N P N F H G O K
E Y E A I I Q F H L V D E L H T
E X N W R V D V J A O B B D C B
M G C J U I Z N O A H R P U S Z
G V W D I R X S X T Q O S G P C
A R C T I S C H C S I M A N Y D
W O E S T I J N A R U B O S N F
```

ARCTISCH	GEBLADERTE
BERGEN	VITAAL
BIJEN	MIST
DYNAMISCH	SCHOONHEID
EROSIE	SCHUILPLAATS
RIVIER	DIEREN
RUSTIG	TROPISCH
GLETSJER	BOS
HEILIGDOM	WILD
SEREEN	WOESTIJN

71 - Urlaub #2

```
N W U U B U I T E N L A N D E R
X O N K K E I V L I E I L A N D
T A F S D N A L N E T I U B V T
P T G O X K A M P E R E N F E R
S T R A N D G M I X O N C M R E
Z A N C T W D P W X O B I Y V I
Q K R L L J F J H P P I B B O N
Y I S N J W A V X R S I W G E A
R H D I S V V S H C A Z R X R H
V R I J E T I J D O P P L E D N
O K G O F R N Y E I T N A K A V
T N A R U A T S E R Q E E B X X
L A N E V A H T H C U L L T G C
G B X P K K T E N T Y Z E E V Q
Y G N I M M E T S E B N C J B M
V I S U M N R Q B X H D Q R D T
```

BUITENLANDER	REIS
BUITENLANDS	RESTAURANT
KAMPEREN	STRAND
LUCHTHAVEN	TAXI
VRIJE TIJD	VERVOER
HOTEL	VAKANTIE
EILAND	VISUM
KAART	TENT
ZEE	BESTEMMING
PASPOORT	TREIN

72 - Barbecues

```
P M F A M I L I E X R W K G D V
E M U Z I E K L P P I W O R I N
P K N M W X V T I U R F K O N O
E I I O L P Q U K R E Z E E E L
R Y H N E S S E M O G N N N R G
E B S Q D S A L A D E S Z T E A
V X N N X E G L N M K T C E M M
T O H U C U R M E H K R P H O E
C C R W Z U L E W E D X F M Z S
Z A J K M H V T N E A X O S B I
J S N W E C L O X T U O Z A E P
G D B R P N E W X W S W I U K J
L U K N T U I E B O C Y M S E B
Q Q C S U L D U P S B Q Q P C V
I O Q S J J A R M Z T T V Z N B
C A P Q J H H O N G E R V B U T
```

DINER
FAMILIE
FRUIT
VORKEN
GROENTE
GRILL
HEET
KIP
HONGER
KINDEREN

KOKEN
MESSEN
LUNCH
MUZIEK
PEPER
SALADES
ZOUT
ZOMER
SAUS
GAMES

73 - Küche

```
E N B Z S D N C S S J I H O X H
L E S D E O V R S T E M W I N Y
L S T H H D K Y X S H O V W Y I
I S E S N L O E G K Q R Q K P O
R E V E T N M A Z D N Q T R A Q
G M R S T O K O E L K A S T A V
Y I E N C G K Q M S P O N S B O
M Y S E C H R J X X Y U L L C R
W J B J O I O J E T P E C E R K
M H Y I U X M R E S O S T P N E
D V O R T N N O T J A J V E C N
V R I E Z E R C X L J Y R L S S
P X K C L L O K R V T E H E M O
D N L E P E L L O P U X X T R V
N J Z P K R U I K I Q T B E Z E
J M H S M P Q D T G X A B K U N
```

VOEDSEL	MESSEN
EETSTOKJES	OVEN
VORKEN	RECEPT
VRIEZER	SCHORT
SPECERIJEN	KOM
GRILL	SPONS
POLLEPEL	SERVET
KRUIK	CUP
KOELKAST	KETEL
LEPELS	

74 - Schach

```
J N Z N Z F Z R F G N A U J T E
I I T A S L J A G N X R Y M L Y
I G T B P M Y F D T Z I O T M R
F N R H D X P D Y E P F W K Q X
B I X C L V U J K Y M H F P M G
Y N U H E D J I R T S D E W S I
I O O N R E O T I W T X P A P K
P K T N E M E L G E R T Q B E A
S A J O N E T N U P A E S E L M
Z P S Z T H S O F G T L F Y T P
W H E S R A H S Y L E E M F O I
A W Q L I L A A N O G A I D O O
R D Z O E E J Y Q F I H L D M E
T D V A C R F E Q M E L S B A N
K F K O N I N G R O G M S D T J
S T E G E N S T A N D E R A J E
```

KAMPIOEN
DIAGONAAL
TEGENSTANDER
SLIM
KONING
KONINGIN
LEREN
OFFER
PASSIEF
PUNTEN

REGLEMENT
ZWART
SPEL
SPELER
STRATEGIE
TOERNOOI
WIT
WEDSTRIJD
TIJD

75 - Geographie

```
B O J V G H Q I L U H I H Z G Z
D R J Y W R M Y B O O U A C E O
L N E D R O O N M X O A L V V P
T T N E N I T N O C G S F C V M
F H I G D N A L D A T S R Z I Q
R E C I A T Q D Y G E F O T K B
O G N E T S E W G D E Z N U E G
D Q D H L M B G L N Z B D L Y F
B J F F A G T T R A A K I F B S
I E X D S M R R A A N E V E K F
T N R R E G I O S I A O P G D N
N K E G G A Z W W D A D U P Y Q
Q P I B L D N A L I E T D W T M
G K V T K L M L E R C C C X G E
N B I S Q C X O F E O B G G M R
W E R E L D Y N B M M A Y K P F
```

ATLAS	CONTINENT
EVENAAR	LAND
BERG	ZEE
BREEDTEGRAAD	MERIDIAAN
RIVIER	NOORDEN
GRONDGEBIED	OCEAAN
HALFROND	REGIO
HOOGTE	STAD
EILAND	WERELD
KAART	WESTEN

76 - Zahlen

```
S  W  I  I  H  T  V  I  J  F  T  I  E  N  D  B
B  U  F  O  X  C  W  R  L  J  Z  Z  M  G  E  R
T  B  I  T  Z  X  L  I  U  I  H  L  Q  F  R  I
L  Z  R  B  E  G  O  C  N  V  E  J  C  L  T  M
D  R  I  E  S  W  N  E  I  T  T  H  C  A  I  N
P  F  I  X  V  I  E  R  Z  H  I  Q  B  A  E  M
B  Z  E  V  E  N  I  Z  E  A  Y  G  G  W  N  O
H  F  A  E  H  E  T  O  S  F  B  M  T  T  X  D
M  H  C  H  W  I  R  O  T  F  L  D  S  C  R  E
A  F  H  K  F  T  E  U  I  Q  O  S  Z  V  A  C
P  S  T  A  A  N  E  G  E  N  G  N  M  N  H  I
T  I  E  N  M  E  V  T  N  K  Y  F  B  A  M  M
G  L  X  P  Q  V  N  E  G  E  N  T  I  E  N  A
D  S  F  E  A  E  J  O  V  Y  B  Y  X  X  X  A
H  O  K  K  K  Z  I  G  T  X  G  R  Q  K  Q  L
R  X  K  E  O  R  A  B  V  R  N  H  U  M  N  O
```

ACHT	ZES
ACHTTIEN	ZESTIEN
DECIMAAL	ZEVEN
DRIE	ZEVENTIEN
DERTIEN	VIER
VIJF	VEERTIEN
VIJFTIEN	TIEN
NEGEN	TWINTIG
NEGENTIEN	TWEE
NUL	TWAALF

77 - Tage und Monate

```
S V Q S W N C M K T I F V F Q N
J E Y I E N R B T J G M A A N D
P D P G E L K S U G A D S N I D
I O D T K N V B G A D N O Z R T
H N E R E B M E V O N Y U G A M
Q D C E A M J U N I A V I A U N
N E E B Q U B R P Q A U V D R F
G R M O C Y I E K D M G X S B I
A D B T F G A D R E T A Z N E R
D A E K X V D N S I O X N E F C
J G R O R T I E J Z X M Q O C I
I U G M O D R L Y T H C V W G Y
R X L J A A R A B G T A L F K M
V W X I Y R T K O K C V Q D D F
E T K L I L A E Y E B H I O V J
A U G U S T U S X L V J F Z R W
```

AUGUSTUS	KALENDER
DECEMBER	WOENSDAG
DINSDAG	MAAND
DONDERDAG	MAANDAG
FEBRUARI	NOVEMBER
VRIJDAG	OKTOBER
JAAR	ZATERDAG
JANUARI	SEPTEMBER
JULI	ZONDAG
JUNI	WEEK

78 - Emotionen

```
M B N M W D L L K D V R E D E O
V C E Z G O U O R A N Y L I E P
B R D S F N E X T N E D F E I L
Y R E I C D A D L K N T O H H U
V W R N B H V J E B N E P F T C
C C V H W S A N Q A A D G E A H
G K E O H Y I A V A P E E O P T
R N T U Q I E B M R S R W R M I
A K I D B O D X E D T H O D Y N
X Y I S N X G A L A N E N C S G
K N G U S F U O G G O I D R E B
A A T P D A E J X D R D E N S L
L N X M W K R S I I L I N H Q L
M G N I L E V R E V H F U S L I
H S F N Z K K F E Z N T V Z S G
C T S U R R I T F V H M D H Q E
```

ANGST
OPGEWONDEN
BESCHAAMD
DANKBAAR
ONTSPANNEN
VREUGDE
VREDE
INHOUD
VERVELING
LIEFDE

OPLUCHTING
RUST
KALM
SYMPATHIE
DROEFHEID
VERRASSING
WOEDE
TEDERHEID
TEVREDEN

79 - Kräuterkunde

```
D S P V O O R D E L I G P N A X
I A E A R O M A T I S C H O P Y
L F T I N G R E D I Ë N T I N I
L F E Z S P S F I T I G R I X Q
E R R T W M R M U C I L I S A B
J A S C O N O G A R D S A O Q E
H A E A N V Z K Q A F L N G B U
N N L E B R E B N Y K A I E Y B
L L I E R E M O W V O V L G O P
H N E U X N A V S Y O E U L Y T
T I J M T P R E Q U L N C K S Y
M B L O E M I N Y P F D O J R J
D S Z J C Q J K G E O E O Q J R
Y J H Q Y D N E K M N L J I L Y
Q J T I E T I L A W K P R Z F X
G R O E N I E L O J R A M Z X U
```

AROMATISCH	CULINAIR
BASILICUM	LAVENDEL
BLOEM	MARJOLEIN
DILLE	PETERSELIE
DRAGON	KWALITEIT
VENKEL	ROZEMARIJN
TUIN	SAFFRAAN
SMAAK	TIJM
GROEN	VOORDELIG
KNOFLOOK	INGREDIËNT

80 - Aktivitäten und Freizeit

```
D  U  I  K  E  N  G  M  V  K  L  M  C  Q  N  E
Y  U  Z  L  P  F  P  G  I  O  L  M  E  U  I  T
B  A  S  K  E  T  B  A  L  Z  E  W  T  V  A  L
B  J  D  M  X  G  V  D  I  P  W  T  S  N  U  K
O  F  E  L  V  L  K  K  N  E  G  E  B  U  Q  G
H  C  O  N  T  S  P  A  N  N  E  N  M  A  S  O
H  O  N  K  B  A  L  X  D  L  N  K  B  M  L  L
E  H  D  I  A  R  G  O  B  Y  C  A  V  W  E  F
T  U  I  N  I  E  R  E  N  M  V  M  T  A  K  N
H  E  N  G  E  L  S  P  O  R  T  P  E  N  P  E
B  L  C  C  Z  F  P  I  Z  S  M  E  N  D  O  S
W  X  P  B  X  W  T  X  E  F  M  R  N  E  T  K
L  F  C  G  F  D  V  N  N  R  J  E  I  L  J  O
K  D  V  O  L  L  E  Y  B  A  L  N  S  E  Z  B
G  R  S  C  H  I  L  D  E  R  I  J  S  N  R  I
S  U  R  F  E  N  L  S  R  A  C  E  N  U  O  Z
```

HENGELSPORT	HOBBY
HONKBAL	KUNST
BASKETBAL	REIS
BOKSEN	RACEN
KAMPEREN	ZWEMMEN
ONTSPANNEN	SURFEN
VOETBAL	DUIKEN
TUINIEREN	TENNIS
SCHILDERIJ	VOLLEYBAL
GOLF	WANDELEN

81 - Formen

```
D W P T B C J P P D H N S O R D
N J J F V O K I I T Y N Y T A R
L D G W H M O D R E P H W R N I
W O F G K V X G A L E G E K D E
Y V A G B R Y B M D R A D Y E H
H A M S I R P L I B B B N U N O
E A N I F V D P D L O M O A A E
C L E T X C I A E I O X R K X K
S U B U K T E E E J L E K R I C
R P R O M L I E R N B N E A G C
M L S V B B N L L K G A O S K M
X N D C E B L S D E A K H R Y W
Z E R T Z O G Q R E D N I L I C
L A L N H L D F D B S L T N A K
R R E C H T H O E K W N Q O W U
R W H C F C M V E E L H O E K O
```

BOOG
DRIEHOEK
HOEK
HYPERBOOL
RANDEN
KEGEL
CIRKEL
BOL
CURVE
LIJN

OVAAL
VEELHOEK
PRISMA
PIRAMIDE
VIERKANT
RECHTHOEK
RONDE
KANT
KUBUS
CILINDER

82 - Musik

```
U Z R K L A A K I Z U M G K N C
R R S A Y Q R D K Z Z X X O E Z
I N C R R U N E U J F A C O O T
T H I D I S C O P K Y U N R P H
M A J Q S G W U J O Z W O G M U
I R G J C P O Ë T I S C H U E N
S M R V H I N S T R U M E N T R
C O I M P R O V I S E R E N V S
H N O O F O R C I M U B L A Q B
L I B R B J P X K L A S S I E K
K E A I B A H A R M O N I S C H
X F Q T Q E L B N Y F M L X D Q
T T H M P B I L M U Z I K A N T
V Z D E U X M Z A R V M F H W N
F Z W L G M Q E I D O L E M H R
Y Y A Z I N G E N Y E L P U Z G
```

ALBUM	MICROFOON
BALLADE	MUZIKAAL
KOOR	MUZIKANT
HARMONIE	OPERA
HARMONISCH	POËTISCH
IMPROVISEREN	RITMISCH
INSTRUMENT	RITME
KLASSIEK	ZANGER
LYRISCH	ZINGEN
MELODIE	TEMPO

83 - Antiquitäten

```
D K R A D N W Z I K A L H D S E
E W S V U E U A C I Y X N P T C
C A Q O O T S N U K S E P F I I
O L K O T N H T J H K U Z T J Q
R I R R N U M E D R A A W G L W
A T E W E M V P N O O W E G N O
T E W A U R O R E T J U A U F E
I I W A L U V I D N I E A G R M
E T U R Z J S J A A R E S P I I
F Y O D S U C S R G E X K Z A F
Y C H E U G P L E E L I Z K L E
D M D T M Z H C I L A M E T I G
K E L Z W M L M S E G L A M B U
L I E F H E B B E R V Y Y V U Y
T Z E R S C H I L D E R I J E N
H N B I N V E S T E R I N G M G
```

OUD	MEUBILAIR
AUTHENTIEK	MUNTEN
DECORATIEF	PRIJS
ELEGANT	KWALITEIT
LIEFHEBBER	SIERADEN
GALERIJ	BEELDHOUWWERK
SCHILDERIJEN	STIJL
INVESTERING	ONGEWOON
EEUW	WAARDE
KUNST	VOORWAARDE

84 - Adjektive #2

```
T S O E T Q B T S B S J W J A O
E R Q T N F D W X E D N O Z E G
E E O I A F G O H S L A P U I S
T V H T S D O H V C I T C C X X
B O L O S D F O E H W U E I N M
A F G J E Q O N L R M U Z O U T
A U G V R B Y G E I O R Y W A W
R L S T E R K E G J W L X Q T M
C C G Q T G C R A V G I T T I P
V R V Z N T B I N E M J S W T U
R C E Z I Z Z G T N P K E M N I
V Y L A A M R O N D M E O R E B
X Q Y G T A U T H E N T I E K F
E S D V Q I D R A M A T I S C H
C K D B M F E I T C U D O R P R
H N R Q Y A M F U T I E X Z P S
```

AUTHENTIEK   CREATIEF
BEROEMD   NATUURLIJK
BESCHRIJVEND   NIEUW
DRAMATISCH   NORMAAL
ELEGANT   PRODUCTIEF
EETBAAR   ZOUT
VERS   STERK
GEZOND   TROTS
HONGERIG   WILD
INTERESSANT   PITTIG

85 - Kleidung

```
M A H L S N R M O D E P H O O E
K Z Z R Q E I O O Y F Z A J V B
O P Z B P D E J E A N S N S N V
Y Q F U P A M A J Y P Z D C M C
A R T Y K R T R U I G R S H J V
Q Q P Y Q E W D E R S F C O F P
J U R K I I T J I A H K H R H P
M H C V C S T T N L I Z O T H J
Y O S G T Y V Z I H R A E D E I
B E G C R P H A X N T A N Y K K
C D L I H O C D T J G R E X E D
R Z C B B O K H K W B M N Q J Y
L A W K R V E S U O L B F H A Z
S T H U O L K N U K L A A J S B
A R C C E J A S J E S N J A F M
N I Z K K K H Y R G C D Z Z Y O
```

ARMBAND	JURK
BLOUSE	JAS
RIEM	MODE
KETTING	TRUI
HANDSCHOENEN	ROK
SHIRT	SJAAL
BROEK	PYJAMA
HOED	SIERADEN
JASJE	SCHOEN
JEANS	SCHORT

86 - Haus

```
R M C Y Y A V F U Z M J I A S J
K E Q D X V V T T C L F Y H P W
R K S C H O O R S T E E N I U T
O R R E Q S G N O X Q I C X H S
C X T Q H V I X F Z Z O L D E R
N R U U M R Y E D D A K D B Z P
V I N C E A S L A A P K A M E R
L A M P Z E A K A M E R B Y D D
E L G H E I X R A O R P N N L R
D I A A B B I B L I O T H E E K
E B R A J H K N K R I I E H B B
U U A R B U V G E E D O U C H E
R E G D M V A U U O H C X O Y F
Z M E F W A G F K I Z C C F Y Q
O T M O A T J L E G E I P S O K
F C C V N O Q D N O F A L P P F
```

BEZEM	KEUKEN
BIBLIOTHEEK	LAMP
DAK	MEUBILAIR
ZOLDER	SLAAPKAMER
PLAFOND	SCHOORSTEEN
DOUCHE	SPIEGEL
RAAM	DEUR
GARAGE	MUUR
TUIN	HEK
HAARD	KAMER

87 - Bauernhof #1

```
K  I  P  B  S  D  E  B  V  H  G  W  T  M  Z  S
N  A  T  H  H  D  R  K  O  E  E  U  A  K  Y  W
V  E  L  D  N  A  L  E  R  M  I  O  B  T  V  S
L  G  P  R  E  P  G  H  W  K  T  B  H  A  E  W
W  F  L  A  K  U  I  U  Y  A  A  D  Q  K  C  R
H  K  F  A  R  S  H  P  Y  O  G  N  I  N  O  H
T  C  M  P  A  K  T  K  C  A  Y  A  D  Z  W  Q
K  F  I  E  V  D  R  U  W  N  L  L  H  P  Y  W
N  K  X  X  S  U  T  T  Q  N  X  O  O  E  K  O
H  O  I  J  N  T  S  J  I  R  I  K  N  Q  F  O
I  M  E  E  B  I  J  J  S  H  A  W  D  I  H  O
A  I  Z  C  E  O  A  B  W  W  S  P  I  X  M  O
E  T  E  M  F  O  X  A  W  H  N  N  K  F  N  Y
P  B  L  Y  Y  H  Y  C  R  J  Q  H  S  C  G  X
R  D  B  D  D  V  A  D  G  K  B  E  V  F  R  Q
M  L  Z  K  J  S  B  P  L  B  K  Y  D  O  W  S
```

BIJ	KRAAI
MEST	KOE
EZEL	LAND
VELD	LANDBOUW
HOOI	PAARD
HONING	RIJST
KIP	VARKEN
HOND	WATER
KALF	HEK
KAT	GEIT

88 - Regierung

```
Z P K P L O O B M Y S R V V G Q
V R I J H E I D C A T E F T E X
M O C N J C L H I G A C K P R L
Z N V T B C B L V L A H A G E Q
Q E N E J E D U I A T T A D C R
N I A W S B V L E A L E R I H U
M S T D U J W V L N U N P E T S
N S I N E R U J Y O Y U S H I T
K U E O E M P O L I T I E K G I
H C F R V M O U I T S R O J H G
W S K G I Q U C H A W H T I E D
O I R D V M X N R N E U R L I I
L D J N M P A M O A T Y E E D C
Y D M K K G N W C M T T K G A G
L E I D E R F M U E W I Q V G G
Q Q Z P K J I L E T H C E R E G
```

WIJK
DEMOCRATIE
MONUMENT
DISCUSSIE
VRIJHEID
RUSTIG
LEIDER
GERECHTIGHEID
WET
GELIJKHEID

GERECHTELIJK
NATIE
NATIONAAL
POLITIEK
RECHTEN
TOESPRAAK
STAAT
SYMBOOL
GRONDWET
CIVIEL

89 - Berufe #1

```
T A A C O V D A G R E G A J F C
R S B M T J R F R E I L E W U J
E T L F B V F S Q I O V Z A R H
R R H O T A Y T S K T L X T E N
E O C Q O R Y K T N R M O G T A
S N L F Q D N K R A A N I O S R
N O X A D G G N A B I K V O G T
A O T A R X T I N F N H M L E I
D M N R M W P L E M E U O O E E
C O A G H P I P R T R A N H L S
N P K O F F A X E E E Y T C P T
V S I T S Y N B I Y S R E Y R X
H L Z R E L I X D G I M U S E K
D T U A V R S L A X X Y R P V Y
T T M C D E T N A T N U O C C A
A M B A S S A D E U R W S P Q H
```

DOKTER
ASTRONOOM
BANKIER
AMBASSADEUR
ACCOUNTANT
GEOLOOG
JAGER
JUWELIER
CARTOGRAAF
LOODGIETER

VERPLEEGSTER
ARTIEST
MONTEUR
MUZIKANT
PIANIST
PSYCHOLOOG
ADVOCAAT
DANSER
DIERENARTS
TRAINER

90 - Adjektive #1

```
O U M T P B E K A M O O I Z X H
K E N O R M P U C N K A C W M V
J F U T V B B D T D J J Y A X Y
I G D K T P K Y I O N G M A B T
L A N G Z A A M E N O E T R M E
E O R O G W B A F K J I L R E E
K M E M N E A M P E R G G K M W
K P D D D S L A M R P R K E N V
E R O G B A C U R P E R F E C T
R W M W N X P H K D P V M T R Z
T L L P X W U L U K E L I Z X Y
N S N Z W A A M K L I V O O F K
A R O M A T I S C H D G O S L E
A R T I S T I E K L Y I T L B K
I D E N T I E K I L L U G A M H
O D U H G T A B S O L U U T Z V
```

ABSOLUUT
ACTIEF
AROMATISCH
AANTREKKELIJK
DONKER
DUN
EERLIJK
GELUKKIG
IDENTIEK
ARTISTIEK

LANGZAAM
MODERN
PERFECT
ENORM
MOOI
ZWAAR
DIEP
ONSCHULDIG
WAARDEVOL

91 - Geometrie

```
O S P P T U J L H T A I P U T D
P P E D Y V X O O H H V R I E I
A B P G R H U G O E V I O L X A
R J Y E M A D I G O G E P A U M
A L Q I R E U C T R N R O A P E
L R L S E V N A E I I K R T D T
L P U N M R L T D E K A T N M E
E G K E M U D A E R J N I O A R
L N O M U C U Q K O I T E Z S D
V G E I N H O E K N L E B I S L
F D E D N S V O M M E D H R A U
B E R E K E N I N G G N E O D D
C I R K E L N V B G R V F H E M
M H E J K D P I B G E M U D I K
M Y I N S K Y Y Q P V J I A J N
S Y M M E T R I E W J M F D E W
```

PROPORTIE	LOGICA
BEREKENING	MASSA
DIMENSIE	NUMMER
DRIEHOEK	OPPERVLAK
DIAMETER	PARALLEL
VERGELIJKING	VIERKANT
HORIZONTAAL	SEGMENT
HOOGTE	SYMMETRIE
CIRKEL	THEORIE
CURVE	HOEK

92 - Jazz

```
D U O N D W O L R G O Q E U A F
M W O D H M J K Q I K W T I Z A
E U I S S U A L P P A D D I M V
O E Z H G B Y L O D F B N P X O
R I K I L L E T H U F Z R B X R
E N P C E A I N R P K O M C N I
B Y D I R K T E C F T S O O W E
I I C S N Z A L D X X F G M J T
P H E U E A S A H L V M U P I E
C V Q M G R I T T M L X R O I N
X Y P H T T V Z O X W S U N J D
S O L O S I O H Q H J D X I V J
J U E P E E R U A N U L Z S H I
H F A Y K S P S T I J L K T P B
F S Z G R T M T E C H N I E K G
Y L G V O H I P C O N C E R T W
```

ALBUM	LIED
OUD	MUZIEK
APPLAUS	MUSICI
BEROEMD	NIEUW
FAVORIETEN	ORKEST
GENRE	RITME
IMPROVISATIE	SOLO
COMPONIST	STIJL
CONCERT	TALENT
ARTIEST	TECHNIEK

93 - Mathematik

```
S V X C M M R E M B D Y P J K B
P T M P K S F E F Z E L Z M J V
I P R Y K E O H T H C E R B O S
U A J A Q B W L G E I T C A R F
L E L L A R A P W G M N U R V R
U T L M I L O B B N A A N T E E
E X P O N E N T K I A K I O E K
A H D T J H T D C K L R Q D L E
S B O E D N S P R J Y E D Y H N
S Y M M E T R I E I K I T V O K
G E O M E T R I E L E V M V E U
V V V O L U M E Z E S H Q Z K N
H R O M T R E K B G O Z O U S D
L O O D R E C H T R M M Z E L I
H O E K E N K D D E J I Y A K G
Z I Z G I D S P B V X M E X G P
```

REKENKUNDIG   VEELHOEK
FRACTIE   VIERKANT
DECIMAAL   STRAAL
DRIEHOEK   RECHTHOEK
DIAMETER   LOODRECHT
EXPONENT   SOM
GEOMETRIE   SYMMETRIE
VERGELIJKING   OMTREK
BOL   VOLUME
PARALLEL   HOEKEN

94 - Messungen

```
V F L B I Q N H J G H O O G T E
R A V J L X X O G R E T E M E G
D C N R I P F R C X F W S X K R
G Z T S T U Q O J L N U I E C A
R X M O E T G N E L O R E C L A
A E Y O R E T E M I T N E C H D
M I T M A S S A E U U W S J D T
J C T E T D E E R B A G X Z I V
C T K T M E Q A F S J Z R N A I
Q U F Y M O Y Y J A I N J Y B Z
U U S B O L L I T V D M Q N X O
M N O Y Z N N I H L C K W O I A
D I E P T E C T K A O B M D N I
I M K I L O G R A M A I E E C P
D E C I M A A L V O L U M E H F
G U Z Z Q K D R E S N D Q E L P
```

BREEDTE
BYTE
DECIMAAL
GEWICHT
GRAAD
GRAM
HOOGTE
KILOGRAM
KILOMETER
LENGTE

LITER
MASSA
METER
MINUUT
DIEPTE
TON
ONS
VOLUME
CENTIMETER
INCH

95 - Boxen

```
L K J B V W M V M Y K E V K H S
H I R Y S J K A T C P U U L A B
E F C A I X G A R T R G I O N V
R E T H C E V R E U T R S K D C
S T H H A H D D K P N T T C S J
T E M D R A T I N E P P O H C S
E G W D Q D M G E G O E C B H U
L E N S C V H H W T E H A D O C
G N I K F Z J E U I N O T U E O
V S F D B C K I O U F Q Q D N F
B T Y H N N G D T Z V S W I E X
Y A E L L E B O O G Z B Q X N S
K N E T N U P K N G B L S U H T
I D V E R W O N D I N G E N J L
T E V X J I A V N K X E I P G K
X R L Q T M K W W I F B F F U I
```

HOEK
ELLEBOOG
UITGEPUT
VUIST
VAARDIGHEID
FOCUS
TEGENSTANDER
KLOK
HANDSCHOENEN
VECHTER

SCHOPPEN
KIN
LICHAAM
PUNTEN
HERSTEL
SNEL
TOUWEN
KRACHT
VERWONDINGEN

96 - Psychologie

```
I E D A O N D E R B E W U S T I
P N G I A F S P R A A K Z A N I
R P V O B E O O R D E L I N G Z
O E M L E O V E G X P K A W V I
B R D S O O L E T S U W E B S X
L C Q P O E G E D R A G N R P P
E E W B D B D G U E J N C X T V
E P L H E R I N N E R I N G E N
M T T C T E N E M O R D T H Y B
G I C C X J Z T I E T I L A E R
H E I P A R E H T T Q Q E X O V
R U L W S O L C K L I N I S C H
U P F F D K M A X G D N T B P Z
H N N K J P I D E E Ë N G R S Y
X S O H E I K E Y J Y M S O D H
W S C G T J L G Z M Q Y S Z C C
```

BEOORDELING
BEWUSTELOOS
EGO
INVLOED
HERINNERINGEN
GEDACHTEN
IDEEËN
JEUGD
KLINISCH
COGNITIE

CONFLICT
PROBLEEM
GEVOEL
AFSPRAAK
THERAPIE
DROMEN
ONDERBEWUST
GEDRAG
PERCEPTIE
REALITEIT

97 - Bauernhof #2

```
S B T H S M T F V L L W B E T Z
C I S R C Z E R V M K L E M A L
H J U E H S P E A L E Y I I G U
U E J F A K R O M C W Y G R D N
U N J U A T I B A E T F K A T E
R K M M P J I R L E U O X Z A L
A O B O O M G A A R D G R Y R O
T R E D R E H Q L Y H E M M W M
R F O G G R O E N T E R Y A E D
Z G Q W T L J D B H V S S Ï Q N
W T G X G F Y Y W X F T R S M I
W M O Z D R R N E S P Q L C S W
E S X B N U S U D E A Y F Z R J
W O V Y J I L B R R N T L Y T J
Q O J B S T R N R Q P D D M L W
W R F A V I R R I G A T I E G L
```

BOER
IRRIGATIE
BIJENKORF
EEND
FRUIT
GROENTE
GERST
LAMA
LAM
MAÏS

MELK
BOOMGAARD
RIJP
SCHAAP
HERDER
SCHUUR
TRACTOR
TARWE
WEIDE
WINDMOLEN

98 - Berufe #2

```
O I Z I L L U S T R A T O R K Z
N P N A M N I U T S M S Y V W O
D O T G Z X S C H I L D E R S Ö
E L A R E D N I V T I U F L D L
R I N U Z N E F A B C Z W H F O
Z T D R Z H I Q D S U U C H U O
O I A I G B F E D S K G U H T G
E C R H Q K Y T U A N O R T S A
K U T C H R N X P R L O V X I A
E S S L Q T W W B T I L X O L E
R L E R A A R V E D N O P Y A Y
F O T O G R A A F N G I R P N H
V P N W K X R I S S U B E S R W
A Z F I L O S O O F Ï W H U U T
C P I L O O T B P C S T R A O K
D E T E C T I V E F T C R V J B
```

ARTS
ASTRONAUT
BIOLOOG
CHIRURG
DETECTIVE
UITVINDER
ONDERZOEKER
FOTOGRAAF
TUINMAN
ILLUSTRATOR

INGENIEUR
JOURNALIST
LERAAR
LINGUÏST
SCHILDER
FILOSOOF
PILOOT
POLITICUS
TANDARTS
ZOÖLOOG

99 - Wetter

```
A K J D N I W N U B S R C T H X
B T N N O S S E O M F E Z A G N
H L M K V N A A K R O G O O R D
E B I O P D D A M I O E F N T J
M I Y K S J I E X A Q N K M E V
E A I L S F N Z R L H B D J M S
L P O O E E E C N O P O V T P Q
D Z I W I M M E N P B O E R E H
W Y C W R Y E D R Q I G S O R U
Q H Q N B D R O O G T E U P A X
K L I M A A T S T O R M M I T S
X U L G N T O R N A D O I S U C
L V R C Z X Y U J L L X S C U N
J Z R J U Y Z L V D D H T R N N
R Z D H Z I H A T W F H I E O Q
V F P B M I O S X Y U S N H O F
```

ATMOSFEER
BLIKSEM
BRIES
DONDER
DROOGTE
IJS
HEMEL
ORKAAN
KLIMAAT
MOESSON

MIST
POLAIR
REGENBOOG
STORM
TEMPERATUUR
TORNADO
DROOG
TROPISCH
WIND
WOLK

100 - Chemie

```
G A S O O O S P R I A E L C U N
A Z S R X V T V Y O C H L O O R
L U J G M Q M Y Z N E F U T K O
K U K A G E W I C H T G U E D T
A R R N O R T K E L E L C M Y A
L I T I D A B N Y P F W E P L S
I K M S Z U U R S T O F L E D Y
S X G C F J R Q M G U T O R X L
C G I H Z K S E O B E O M A X A
H N B S G C M T A S K W Z T P T
K O O L S T O F W C V V C U U A
V L O E I S T O F A T P M U O K
W W R R M A I Y Z G R I I R R O
N S U F Z X P D D O B M E C Z W
W B T I X K F O T S R E T A W Q
U B S C I S H I B D N Y C E X L
```

ALKALISCH
CHLOOR
ELEKTRON
ENZYM
VLOEISTOF
GAS
GEWICHT
WARMTE
ION
KATALYSATOR

KOOLSTOF
MOLECUUL
NUCLEAIR
ORGANISCH
REACTIE
ZOUT
ZUURSTOF
ZUUR
TEMPERATUUR
WATERSTOF

1 - Gesundheit und Wellness #2

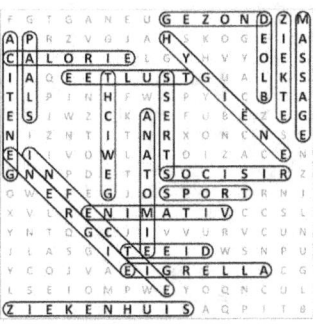

2 - Ozean

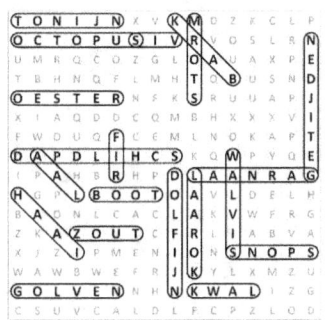

3 - Krankheit

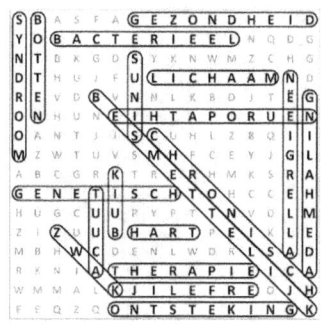

4 - Meditation

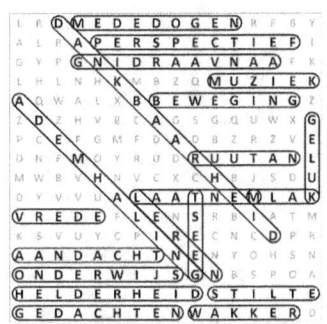

5 - Archäologie

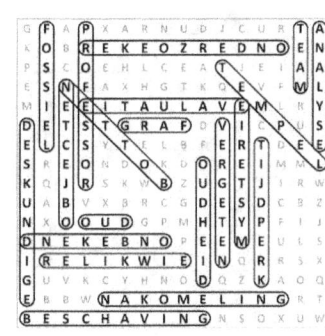

6 - Gesundheit und Wellness #1

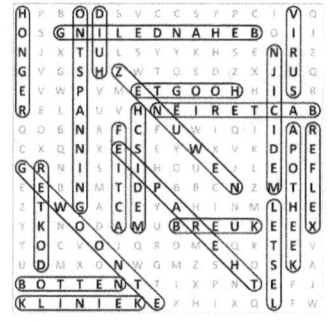

7 - Obst

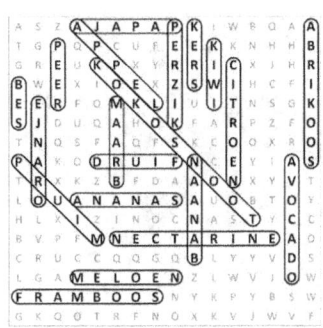

8 - Universum

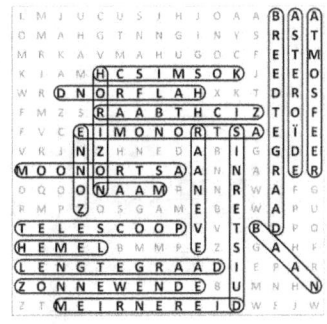

9 - Camping

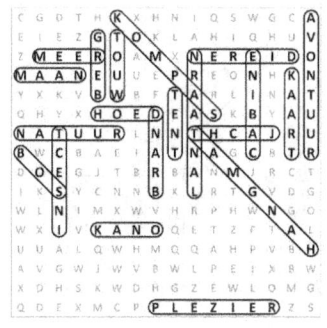

10 - Zeit

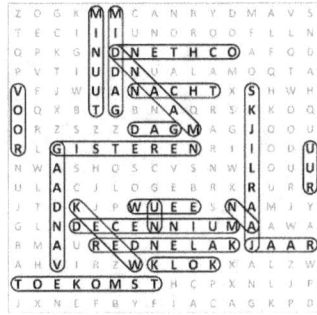

11 - Säugetiere

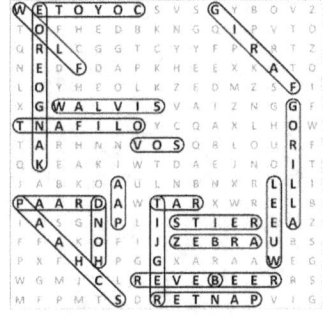

12 - Algebra

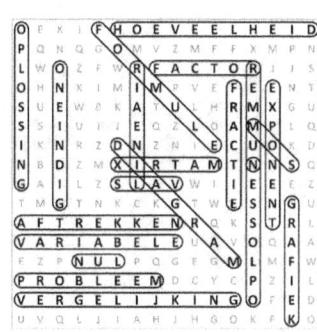

13 - Diplomatie

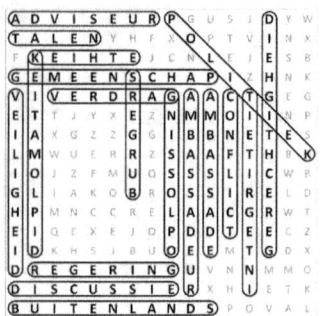

14 - Astronomie

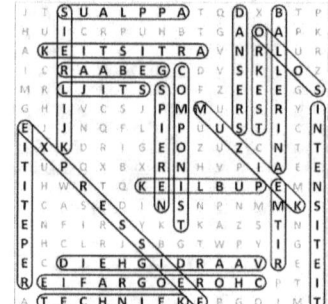

15 - Ballett

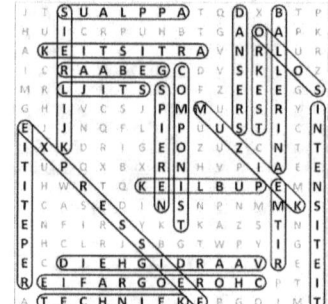

16 - Geologie

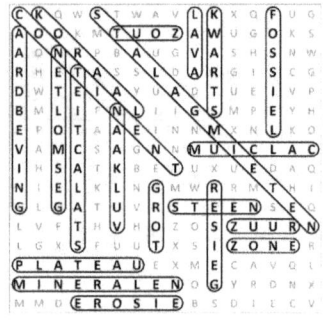

17 - Wissenschaft

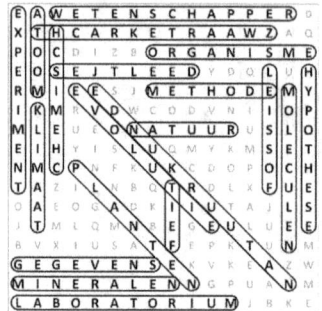

18 - Bildende Kunst

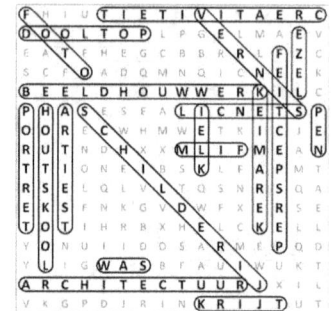

19 - Sport

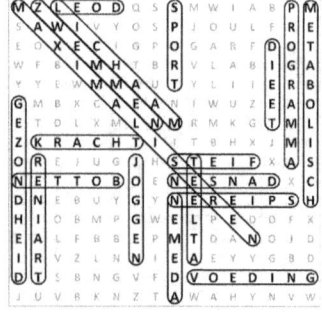

20 - Mythologie

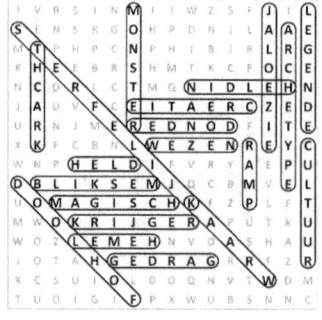

21 - Restaurant #2

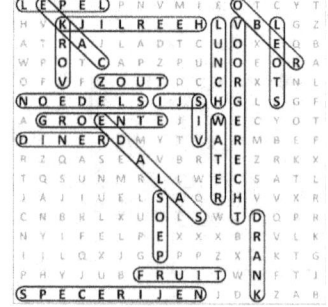

22 - Schokolade

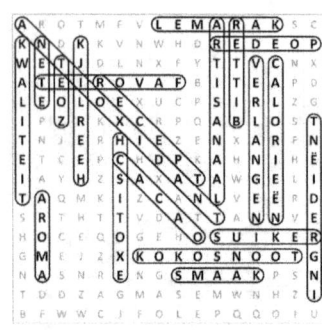

23 - Boote

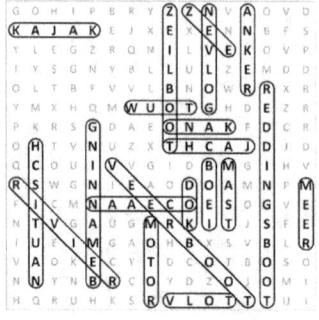

24 - Stadt

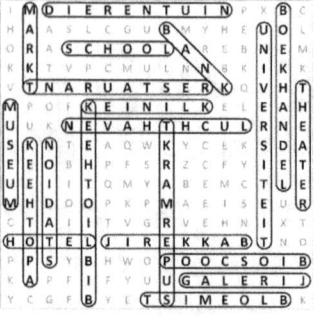

25 - Aktivitäten

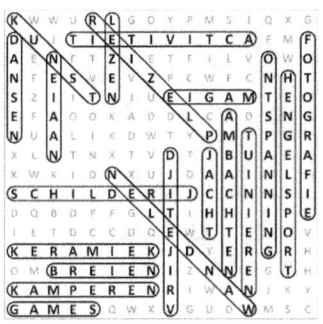

26 - Bienen

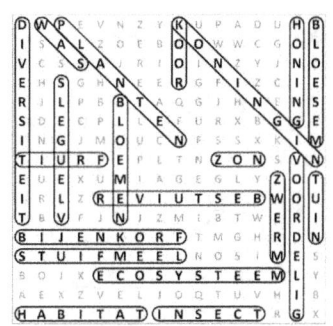

27 - Wissenschaftliche

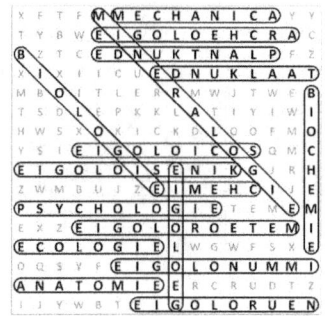

28 - Vögel

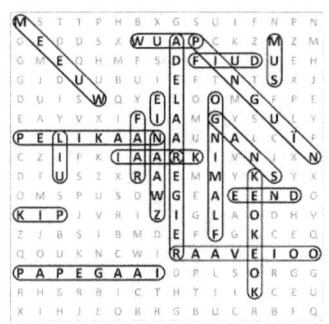

29 - Biologie

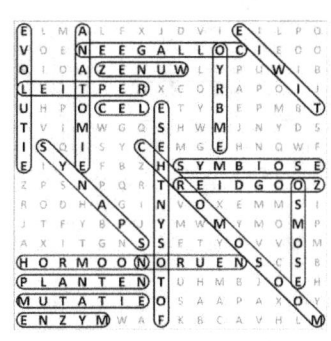

30 - Elektrizität

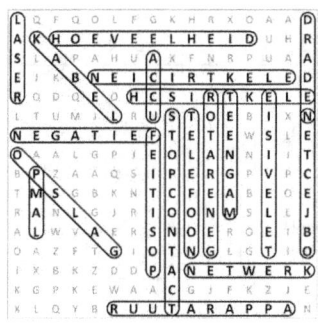

31 - Garten

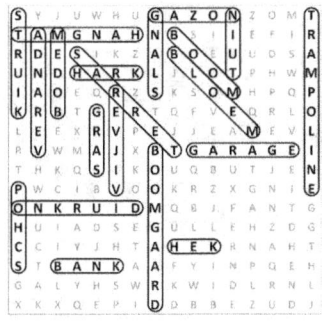

32 - Antarktis

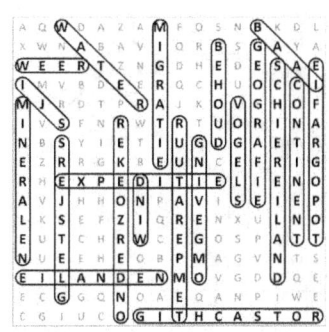

33 - Fahren

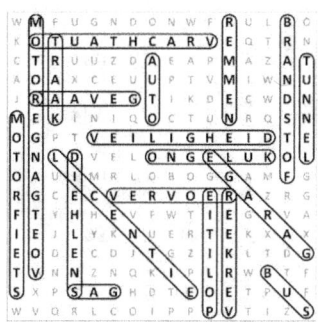

34 - Physik

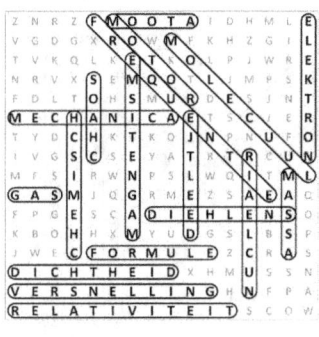

35 - Bücher

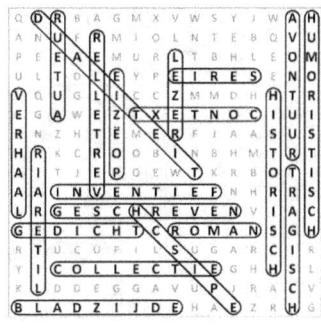

36 - Menschlicher Körper

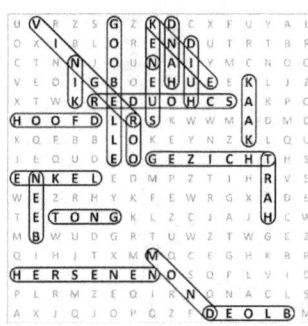

37 - Agronomie

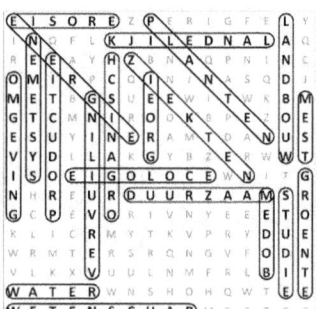

38 - Landschaften

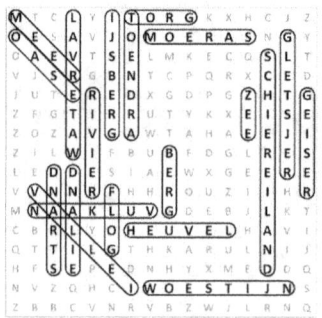

39 - Abenteuer

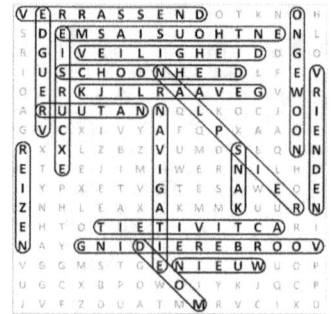

40 - Flugzeuge

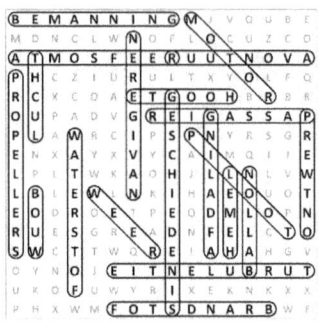

41 - Haartypen

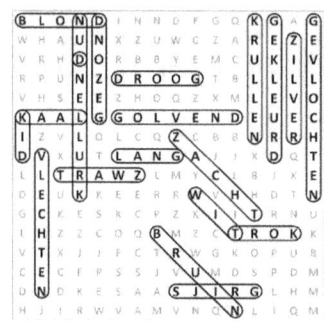

42 - Essen #1

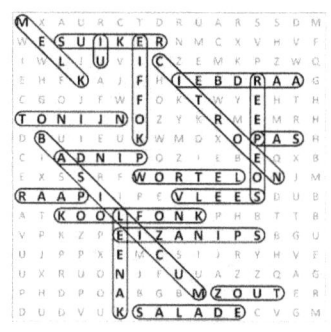

43 - Gebäude

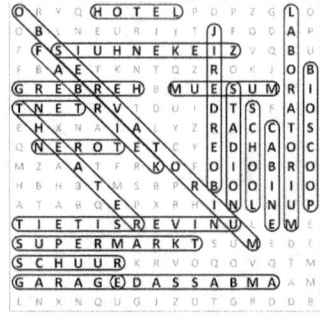

44 - Mode

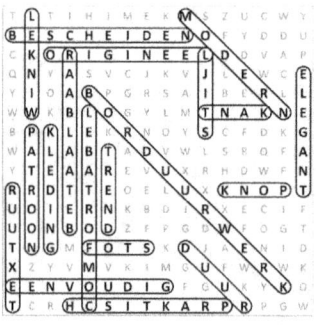

45 - Angeln

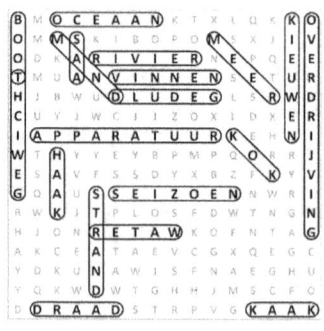

46 - Essen #2

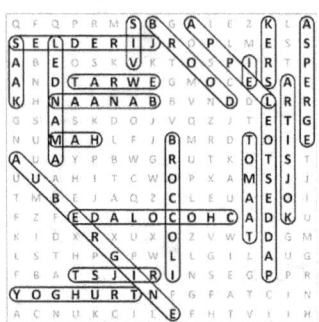

47 - Energie

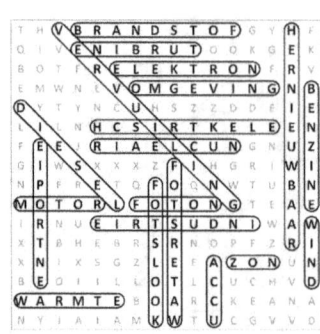

48 - Familie

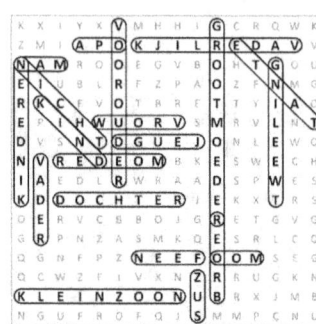

49 - Pflanzen

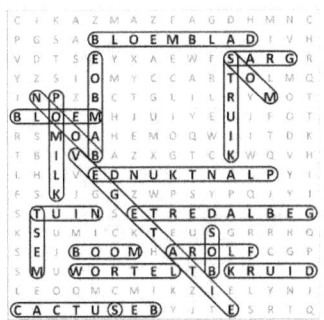

50 - Kunst

51 - Gewürze

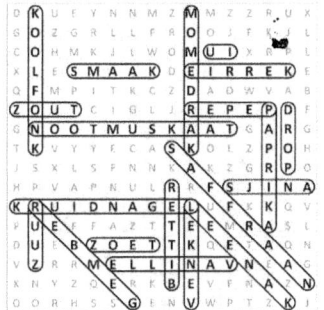

52 - Kreativität

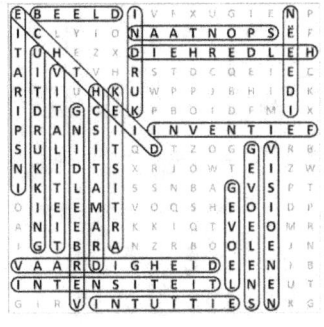

53 - Geschäft

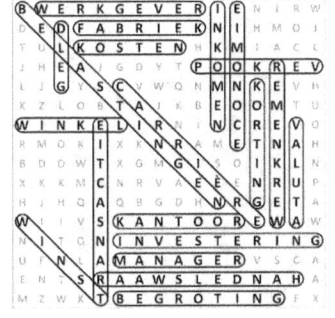

54 - Ingenieurwesen

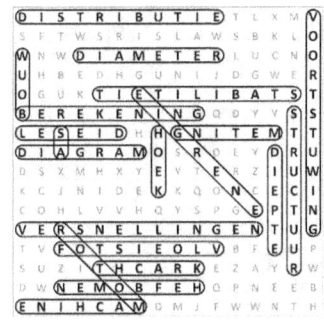

55 - Kaffee

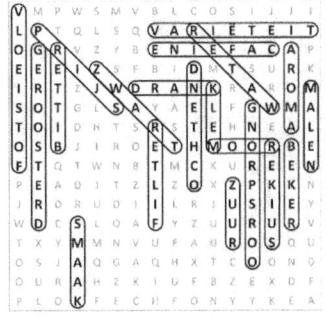

56 - Gemüse

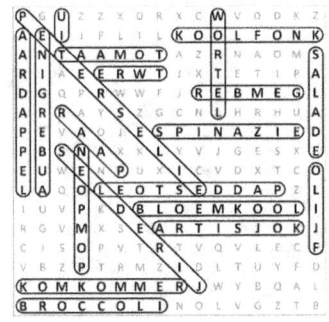

57 - Schönheit

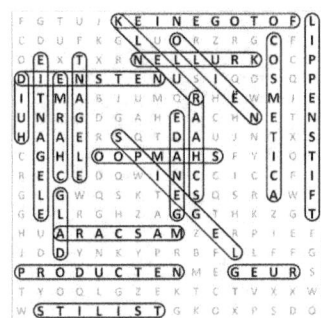

58 - Tanzen

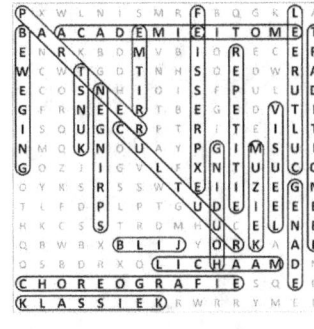

59 - Ernährung

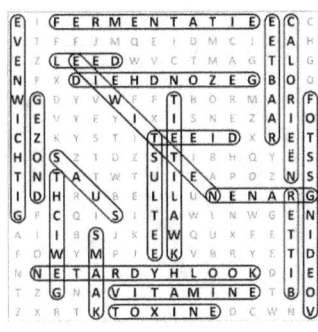

60 - Länder #1

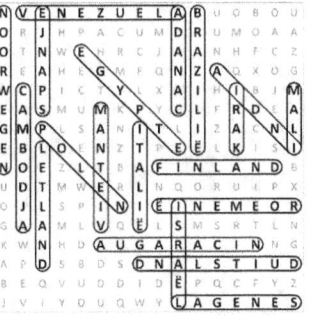

61 - Technologie

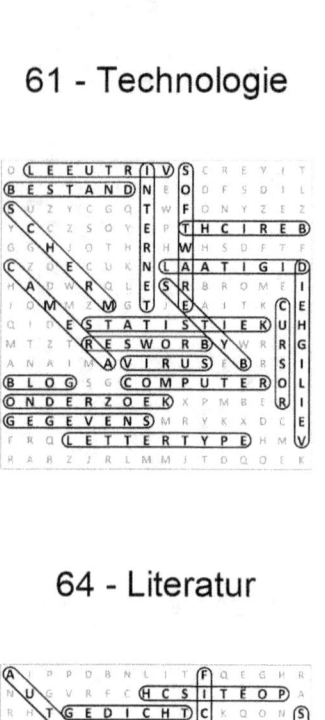

62 - Wasser

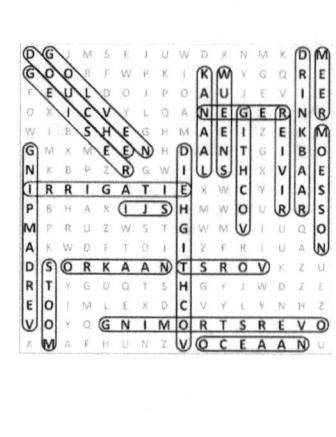

63 - Science Fiction

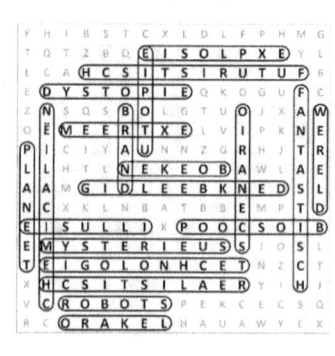

64 - Literatur

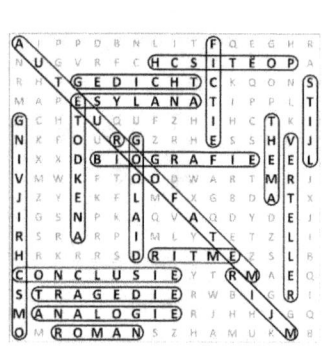

65 - Wandern

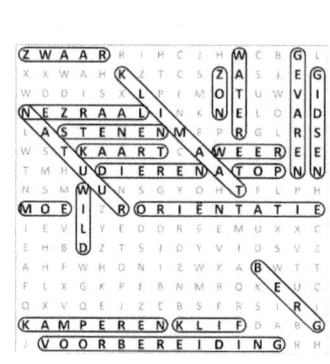

66 - Länder #2

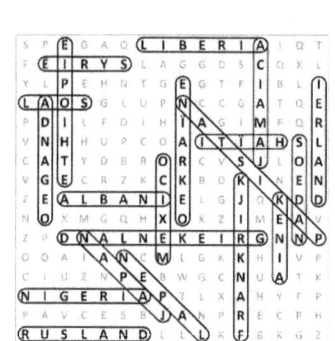

67 - Fahrzeuge

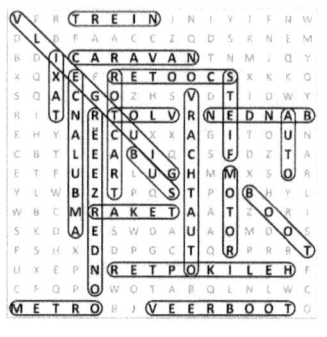

68 - Musikinstrumente

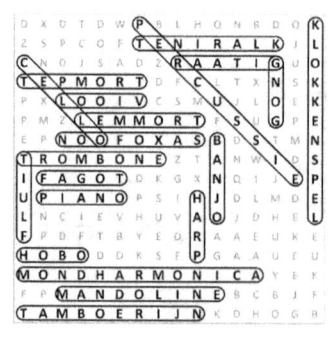

69 - Blumen

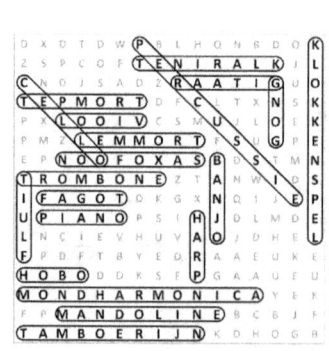

70 - Natur

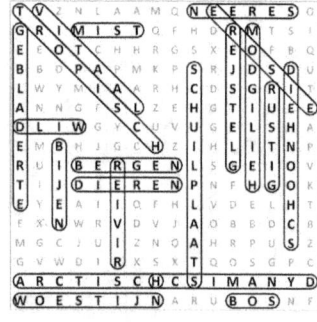

71 - Urlaub #2

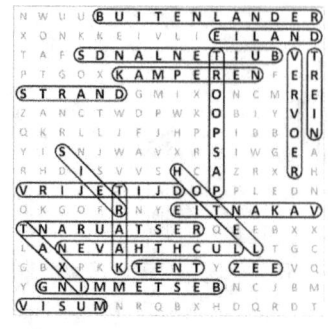

72 - Barbecues

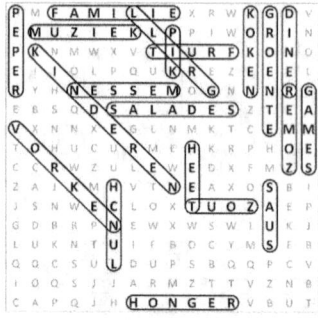

73 - Küche

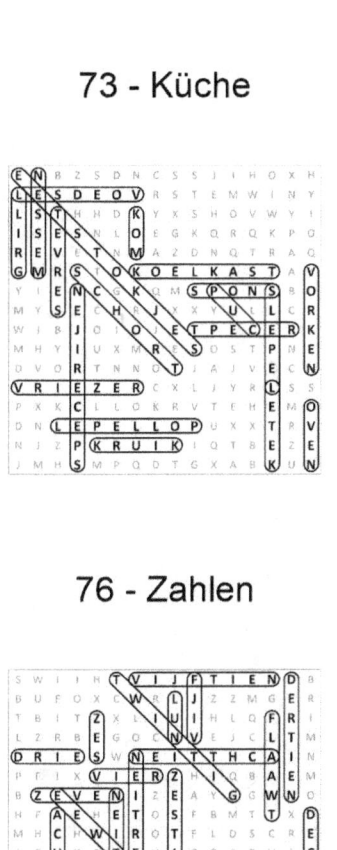

74 - Schach

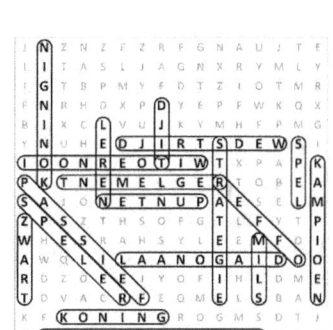

75 - Geographie

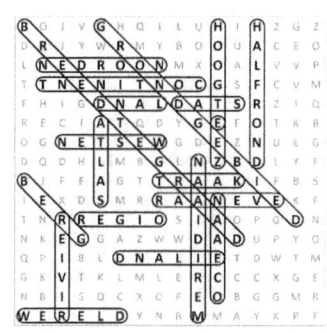

76 - Zahlen

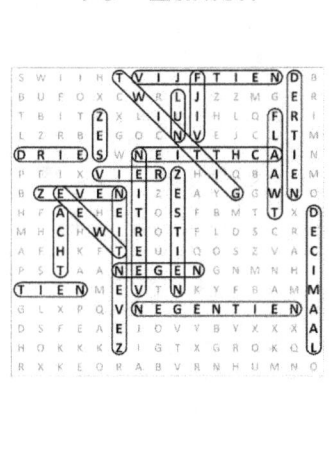

77 - Tage und Monate

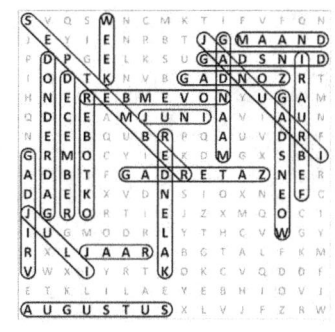

78 - Emotionen

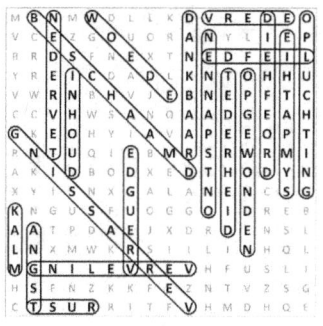

79 - Kräuterkunde

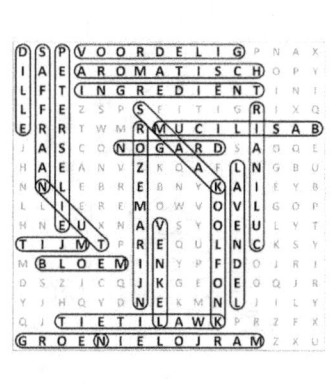

80 - Aktivitäten und Freizeit

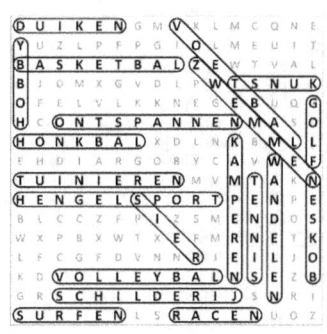

81 - Formen

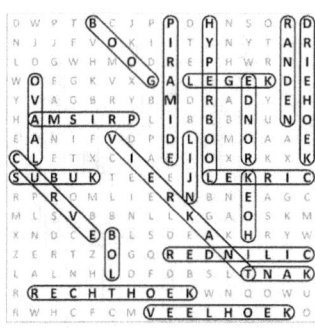

82 - Musik

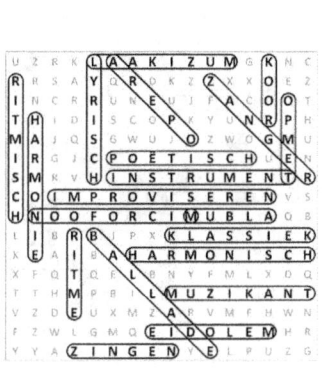

83 - Antiquitäten

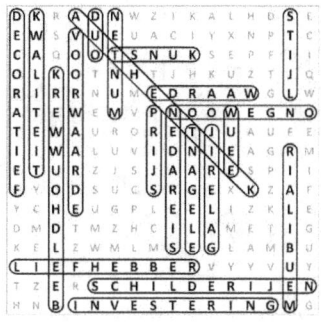

84 - Adjektive #2

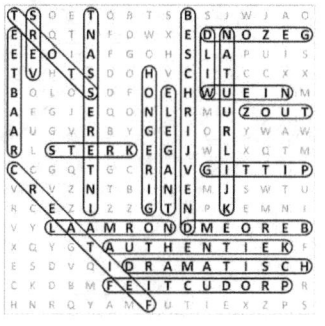

85 - Kleidung

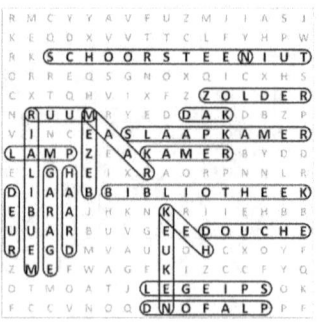

86 - Haus

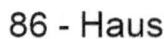

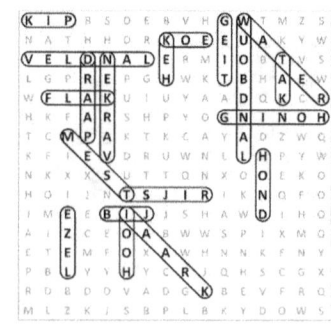

87 - Bauernhof #1

88 - Regierung

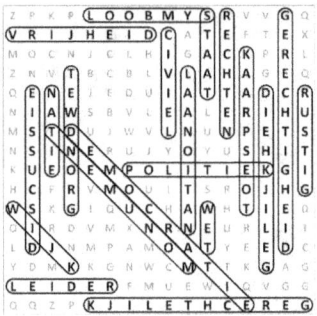

89 - Berufe #1

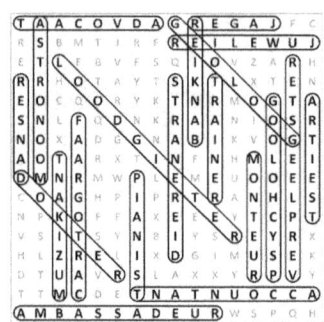

90 - Adjektive #1

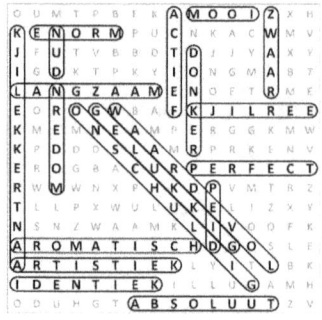

91 - Geometrie

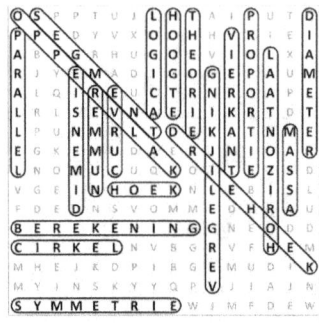

92 - Jazz

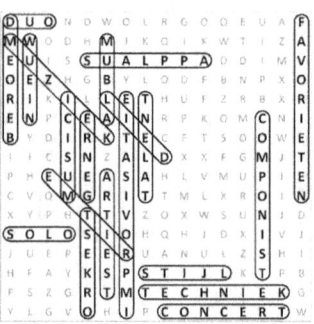

93 - Mathematik

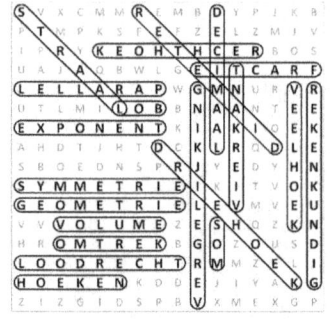

94 - Messungen

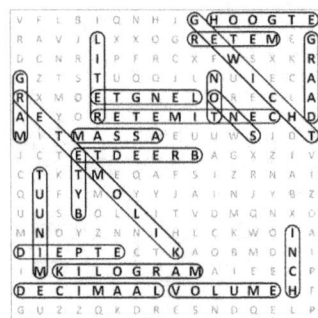

95 - Boxen

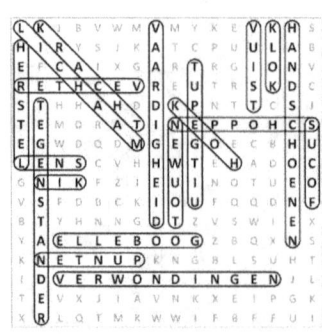

96 - Psychologie

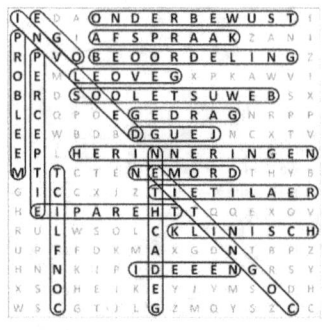

97 - Bauernhof #2

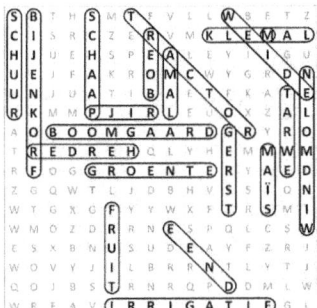

98 - Berufe #2

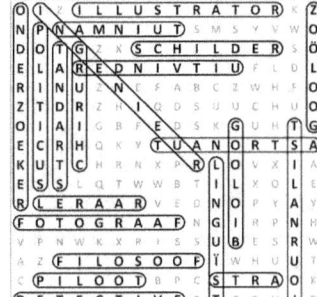

99 - Wetter

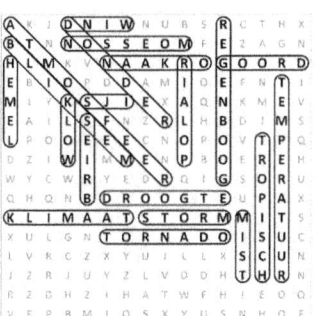

100 - Chemie

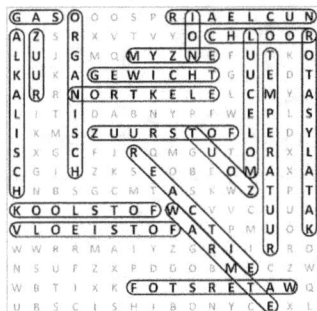

Wörterbuch

Abenteuer
Avontuur

Aktivität	Activiteit
Ausflug	Excursie
Begeisterung	Enthousiasme
Chance	Kans
Freude	Vreugde
Freunde	Vrienden
Gefährlich	Gevaarlijk
Natur	Natuur
Navigation	Navigatie
Neu	Nieuw
Reisen	Reizen
Route	Reisplan
Schönheit	Schoonheid
Schwierigkeit	Moeilijkheid
Sicherheit	Veiligheid
Tapferkeit	Moed
Ungewöhnlich	Ongewoon
Überraschend	Verrassend
Vorbereitung	Voorbereiding
Ziel	Bestemming

Adjektive #1
Bijvoeglijke Naamwoorden

Absolut	Absoluut
Aktiv	Actief
Aromatisch	Aromatisch
Attraktiv	Aantrekkelijk
Dunkel	Donker
Dünn	Dun
Ehrlich	Eerlijk
Glücklich	Gelukkig
Identisch	Identiek
Künstlerisch	Artistiek
Langsam	Langzaam
Modern	Modern
Perfekt	Perfect
Riesig	Enorm
Schön	Mooi
Schwer	Zwaar
Tief	Diep
Unschuldig	Onschuldig
Wertvoll	Waardevol
Wichtig	Belangrijk

Adjektive #2
Bijvoeglijke Naamwoorden

Authentisch	Authentiek
Berühmt	Beroemd
Beschreibend	Beschrijvend
Dramatisch	Dramatisch
Elegant	Elegant
Essbar	Eetbaar
Frisch	Vers
Gesund	Gezond
Hungrig	Hongerig
Interessant	Interessant
Kreativ	Creatief
Natürlich	Natuurlijk
Neu	Nieuw
Normal	Normaal
Produktiv	Productief
Salzig	Zout
Stark	Sterk
Stolz	Trots
Wild	Wild
Würzig	Pittig

Agronomie
Agronomie

Boden	Bodem
Dünger	Mest
Energie	Energie
Erosion	Erosie
Gemüse	Groente
Krankheit	Ziekten
Landwirtschaft	Landbouw
Ländlich	Landelijk
Nachhaltig	Duurzaam
Organisch	Organisch
Ökologie	Ecologie
Pflanzen	Planten
Produktion	Productie
Studie	Studie
Systeme	Systemen
Umwelt	Omgeving
Verschmutzung	Vervuiling
Wachstum	Groei
Wasser	Water
Wissenschaft	Wetenschap

Aktivitäten
Activiteiten

Aktivität	Activiteit
Angeln	Hengelsport
Camping	Kamperen
Entspannung	Ontspanning
Fotografie	Fotografie
Freizeit	Vrije Tijd
Gartenarbeit	Tuinieren
Gemälde	Schilderij
Jagd	Jacht
Keramik	Keramiek
Kunst	Kunst
Kunsthandwerk	Ambachten
Lesen	Lezen
Magie	Magie
Nähen	Naaien
Spiele	Games
Stricken	Breien
Tanzen	Dansen
Vergnügen	Plezier
Wandern	Wandelen

Aktivitäten und Freizeit
Activiteiten en Vrije Ti

Angeln	Hengelsport
Baseball	Honkbal
Basketball	Basketbal
Boxen	Boksen
Camping	Kamperen
Entspannend	Ontspannen
Fussball	Voetbal
Gartenarbeit	Tuinieren
Gemälde	Schilderij
Golf	Golf
Hobbies	Hobby
Kunst	Kunst
Reise	Reis
Rennen	Racen
Schwimmen	Zwemmen
Surfen	Surfen
Tauchen	Duiken
Tennis	Tennis
Volleyball	Volleybal
Wandern	Wandelen

Algebra
Algebra

Bruchteil	Fractie
Diagramm	Diagram
Exponent	Exponent
Faktor	Factor
Falsch	Vals
Formel	Formule
Gleichung	Vergelijking
Graph	Grafiek
Linear	Lineair
Lösen	Oplossen
Lösung	Oplossing
Matrix	Matrix
Menge	Hoeveelheid
Null	Nul
Nummer	Nummer
Problem	Probleem
Subtraktion	Aftrekken
Summe	Som
Unendlich	Oneindig
Variable	Variabele

Angeln
Vissen

Ausrüstung	Apparatuur
Boot	Boot
Draht	Draad
Flossen	Vinnen
Fluss	Rivier
Geduld	Geduld
Gewicht	Gewicht
Haken	Haak
Jahreszeit	Seizoen
Kiefer	Kaak
Kiemen	Kieuwen
Kochen	Kok
Korb	Mand
Köder	Aas
Ozean	Oceaan
See	Meer
Strand	Strand
Übertreibung	Overdrijving
Wasser	Water

Antarktis
Antarctica

Bucht	Baai
Eis	Ijs
Erhaltung	Behoud
Expedition	Expeditie
Felsig	Rotsachtig
Forscher	Onderzoeker
Geographie	Geografie
Gletscher	Gletsjers
Halbinsel	Schiereiland
Inseln	Eilanden
Kontinent	Continent
Migration	Migratie
Mineralien	Mineralen
Temperatur	Temperatuur
Topographie	Topografie
Umwelt	Omgeving
Vögel	Vogels
Wasser	Water
Wetter	Weer
Wind	Wind

Antiquitäten
Antiek

Alt	Oud
Authentisch	Authentiek
Dekorativ	Decoratief
Elegant	Elegant
Enthusiast	Liefhebber
Galerie	Galerij
Gemälde	Schilderijen
Investition	Investering
Jahrhundert	Eeuw
Kunst	Kunst
Möbel	Meubilair
Münzen	Munten
Preis	Prijs
Qualität	Kwaliteit
Schmuck	Sieraden
Skulptur	Beeldhouwwerk
Stil	Stijl
Ungewöhnlich	Ongewoon
Wert	Waarde
Zustand	Voorwaarde

Archäologie
Archeologie

Analyse	Analyse
Antiquität	Oudheid
Auswertung	Evaluatie
Ära	Tijdperk
Experte	Deskundige
Forscher	Onderzoeker
Fossil	Fossiel
Geheimnis	Mysterie
Grab	Graf
Knochen	Botten
Mannschaft	Team
Nachkomme	Nakomeling
Objekte	Objecten
Professor	Professor
Relikt	Relikwie
Tempel	Tempel
Unbekannt	Onbekend
Uralt	Oud
Vergessen	Vergeten
Zivilisation	Beschaving

Astronomie
Astronomie

Asteroid	Asteroïde
Astronaut	Astronaut
Astronom	Astronoom
Erde	Aarde
Himmel	Hemel
Komet	Komeet
Konstellation	Sterrenbeeld
Kosmos	Kosmos
Meteor	Meteoor
Mond	Maan
Nebel	Nevel
Observatorium	Observatorium
Planet	Planeet
Rakete	Raket
Satellit	Satelliet
Stern	Ster
Supernova	Supernova
Teleskop	Telescoop
Tierkreis	Dierenriem
Universum	Universum

Ballett
Ballet

Anmutig	Sierlijk
Applaus	Applaus
Ausdrucksvoll	Expressief
Ballerina	Ballerina
Choreographie	Choreografie
Fähigkeit	Vaardigheid
Geste	Gebaar
Intensität	Intensiteit
Komponist	Componist
Künstlerisch	Artistiek
Musik	Muziek
Muskel	Spieren
Orchester	Orkest
Probe	Repetitie
Publikum	Publiek
Rhythmus	Ritme
Solo	Solo
Stil	Stijl
Tänzer	Dansers
Technik	Techniek

Barbecues
Barbecues

Abendessen	Diner
Familie	Familie
Frucht	Fruit
Gabeln	Vorken
Gemüse	Groente
Grill	Grill
Heiss	Heet
Huhn	Kip
Hunger	Honger
Kinder	Kinderen
Kochen	Koken
Messer	Messen
Mittagessen	Lunch
Musik	Muziek
Pfeffer	Peper
Salate	Salades
Salz	Zout
Sommer	Zomer
Sosse	Saus
Spiele	Games

Bauernhof #1
Boerderij #1

Biene	Bij
Dünger	Mest
Esel	Ezel
Feld	Veld
Heu	Hooi
Honig	Honing
Huhn	Kip
Hund	Hond
Kalb	Kalf
Katze	Kat
Krähe	Kraai
Kuh	Koe
Land	Land
Landwirtschaft	Landbouw
Pferd	Paard
Reis	Rijst
Schwein	Varken
Wasser	Water
Zaun	Hek
Ziege	Geit

Bauernhof #2
Boerderij #2

Bauer	Boer
Bewässerung	Irrigatie
Bienenstock	Bijenkorf
Ente	Eend
Frucht	Fruit
Gemüse	Groente
Gerste	Gerst
Lama	Lama
Lamm	Lam
Mais	Maïs
Milch	Melk
Obstgarten	Boomgaard
Reif	Rijp
Schaf	Schaap
Schäfer	Herder
Scheune	Schuur
Traktor	Tractor
Weizen	Tarwe
Wiese	Weide
Windmühle	Windmolen

Berufe #1
Beroepen #1

Arzt	Dokter
Astronom	Astronoom
Bankier	Bankier
Botschafter	Ambassadeur
Buchhalter	Accountant
Geologe	Geoloog
Jäger	Jager
Juwelier	Juwelier
Kartograph	Cartograaf
Klempner	Loodgieter
Krankenschwester	Verpleegster
Künstler	Artiest
Mechaniker	Monteur
Musiker	Muzikant
Pianist	Pianist
Psychologe	Psycholoog
Rechtsanwalt	Advocaat
Tänzer	Danser
Tierarzt	Dierenarts
Trainer	Trainer

Berufe #2
Beroepen #2

Arzt	Arts
Astronaut	Astronaut
Biologe	Bioloog
Chirurg	Chirurg
Detektiv	Detective
Erfinder	Uitvinder
Forscher	Onderzoeker
Fotograf	Fotograaf
Gärtner	Tuinman
Illustrator	Illustrator
Ingenieur	Ingenieur
Journalist	Journalist
Lehrer	Leraar
Linguist	Linguïst
Maler	Schilder
Philosoph	Filosoof
Pilot	Piloot
Politiker	Politicus
Zahnarzt	Tandarts
Zoologe	Zoöloog

Bienen
Bijen

Bestäuber	Bestuiver
Bienenkorb	Bijenkorf
Blumen	Bloemen
Blüte	Bloesem
Flügel	Vleugels
Frucht	Fruit
Garten	Tuin
Honig	Honing
Insekt	Insect
Königin	Koningin
Lebensraum	Habitat
Ökosystem	Ecosysteem
Pflanzen	Planten
Pollen	Stuifmeel
Rauch	Rook
Schwarm	Zwerm
Sonne	Zon
Vielfalt	Diversiteit
Vorteilhaft	Voordelig
Wachs	Was

Bildende Kunst
Beeldende Kunsten

Architektur	Architectuur
Bleistift	Potlood
Film	Film
Foto	Foto
Gemälde	Schilderij
Holzkohle	Houtskool
Keramik	Keramiek
Kreativität	Creativiteit
Kreide	Krijt
Künstler	Artiest
Lack	Vernis
Meisterwerk	Meesterwerk
Perspektive	Perspectief
Porträt	Portret
Schablone	Stencil
Skulptur	Beeldhouwwerk
Staffelei	Ezel
Stift	Pen
Ton	Klei
Wachs	Was

Biologie
Biologie

Anatomie	Anatomie
Chromosom	Chromosoom
Embryo	Embryo
Enzym	Enzym
Evolution	Evolutie
Hormon	Hormoon
Kollagen	Collageen
Mutation	Mutatie
Natürlich	Natuurlijk
Nerv	Zenuw
Neuron	Neuron
Osmose	Osmose
Pflanzen	Planten
Photosynthese	Fotosynthese
Protein	Eiwit
Reptil	Reptiel
Säugetier	Zoogdier
Symbiose	Symbiose
Synapse	Synaps
Zelle	Cel

Blumen
Bloemen

Blütenblatt	Bloemblad
Gardenie	Gardenia
Gänseblümchen	Madeliefje
Hibiskus	Hibiscus
Jasmin	Jasmijn
Klee	Klaver
Lavendel	Lavendel
Lila	Lila
Lilie	Lelie
Löwenzahn	Paardebloem
Magnolie	Magnolia
Mohn	Papaver
Orchidee	Orchidee
Passionsblume	Passiebloem
Pfingstrose	Pioenroos
Plumeria	Plumeria
Rose	Roos
Sonnenblume	Zonnebloem
Strauss	Boeket
Tulpe	Tulp

Boote
Boten

Anker	Anker
Boje	Boei
Crew	Bemanning
Dock	Dok
Fähre	Veerboot
Floss	Vlot
Fluss	Rivier
Kajak	Kajak
Kanu	Kano
Mast	Mast
Meer	Zee
Motor	Motor
Nautisch	Nautisch
Ozean	Oceaan
Rettungsboot	Reddingsboot
See	Meer
Segelboot	Zeilboot
Seil	Touw
Wellen	Golven
Yacht	Jacht

Boxen
Boksen

Ecke	Hoek
Ellbogen	Elleboog
Erschöpft	Uitgeput
Faust	Vuist
Fähigkeit	Vaardigheid
Fokus	Focus
Gegner	Tegenstander
Glocke	Klok
Handschuhe	Handschoenen
Kämpfer	Vechter
Kick	Schoppen
Kinn	Kin
Körper	Lichaam
Punkte	Punten
Recovery	Herstel
Schnell	Snel
Seile	Touwen
Stärke	Kracht
Verletzungen	Verwondingen

Bücher
Boeken

Abenteuer	Avontuur
Autor	Auteur
Dualität	Dualiteit
Episch	Episch
Erfinderisch	Inventief
Erzähler	Verteller
Gedicht	Gedicht
Geschichte	Verhaal
Geschrieben	Geschreven
Historisch	Historisch
Humorvoll	Humoristisch
Kollektion	Collectie
Kontext	Context
Leser	Lezer
Literarisch	Literair
Poesie	Poëzie
Roman	Roman
Seite	Bladzijde
Serie	Serie
Tragisch	Tragisch

Camping
Camping

Abenteuer	Avontuur
Berg	Berg
Feuer	Brand
Hängematte	Hangmat
Hut	Hoed
Insekt	Insect
Jagd	Jacht
Kabine	Cabine
Kanu	Kano
Karte	Kaart
Kompass	Kompas
Laterne	Lantaarn
Mond	Maan
Natur	Natuur
See	Meer
Seil	Touw
Spass	Plezier
Tiere	Dieren
Wald	Bos
Zelt	Tent

Chemie
Chemie

Alkalisch	Alkalisch
Chlor	Chloor
Elektron	Elektron
Enzym	Enzym
Flüssigkeit	Vloeistof
Gas	Gas
Gewicht	Gewicht
Hitze	Warmte
Ion	Ion
Katalysator	Katalysator
Kohlenstoff	Koolstof
Molekül	Molecuul
Nuklear	Nucleair
Organisch	Organisch
Reaktion	Reactie
Salz	Zout
Sauerstoff	Zuurstof
Säure	Zuur
Temperatur	Temperatuur
Wasserstoff	Waterstof

Diplomatie
Diplomatie

Ausländisch	Buitenlands
Berater	Adviseur
Botschaft	Ambassade
Botschafter	Ambassadeur
Bürger	Burgers
Diplomatisch	Diplomatiek
Diskussion	Discussie
Ethik	Ethiek
Gemeinschaft	Gemeenschap
Gerechtigkeit	Gerechtigheid
Humanitär	Humanitair
Integrität	Integriteit
Konflikt	Conflict
Lösung	Oplossing
Politik	Politiek
Regierung	Regering
Sicherheit	Veiligheid
Sprachen	Talen
Vertrag	Verdrag
Zusammenarbeit	Samenwerking

Elektrizität
Elektriciteit

Ausrüstung	Apparatuur
Batterie	Accu
Drähte	Draden
Elektriker	Elektricien
Elektrisch	Elektrisch
Fernsehen	Televisie
Generator	Generator
Kabel	Kabel
Lagerung	Opslag
Lampe	Lamp
Laser	Laser
Magnet	Magneet
Menge	Hoeveelheid
Negativ	Negatief
Netzwerk	Netwerk
Objekte	Objecten
Positiv	Positief
Steckdose	Stopcontact
Telefon	Telefoon

Emotionen
Emoties

Angst	Angst
Aufgeregt	Opgewonden
Beschämt	Beschaamd
Dankbar	Dankbaar
Entspannt	Ontspannen
Freude	Vreugde
Frieden	Vrede
Inhalt	Inhoud
Langeweile	Verveling
Liebe	Liefde
Relief	Opluchting
Ruhe	Rust
Ruhig	Kalm
Sympathie	Sympathie
Traurigkeit	Droefheid
Überraschen	Verrassing
Wut	Woede
Zärtlichkeit	Tederheid
Zufrieden	Tevreden

Energie
Energie

Batterie	Accu
Benzin	Benzine
Brennstoff	Brandstof
Diesel	Diesel
Elektrisch	Elektrisch
Elektron	Elektron
Entropie	Entropie
Erneuerbar	Hernieuwbaar
Hitze	Warmte
Industrie	Industrie
Kohlenstoff	Koolstof
Motor	Motor
Nuklear	Nucleair
Photon	Foton
Sonne	Zon
Turbine	Turbine
Umwelt	Omgeving
Verschmutzung	Vervuiling
Wasserstoff	Waterstof
Wind	Wind

Ernährung
Voeding

Appetit	Eetlust
Ausgewogen	Evenwichtig
Bitter	Bitter
Diät	Dieet
Essbar	Eetbaar
Fermentation	Fermentatie
Geschmack	Smaak
Gesund	Gezond
Gesundheit	Gezondheid
Getreide	Granen
Gewicht	Gewicht
Kalorien	Calorieën
Kohlenhydrate	Koolhydraten
Nährstoff	Voedingsstof
Portion	Deel
Proteine	Eiwitten
Qualität	Kwaliteit
Sosse	Saus
Toxin	Toxine
Vitamin	Vitamine

Essen #1
Eten #1

Basilikum	Basilicum
Birne	Peer
Erdbeere	Aardbei
Erdnuss	Pinda
Fleisch	Vlees
Kaffee	Koffie
Karotte	Wortel
Knoblauch	Knoflook
Milch	Melk
Rübe	Raap
Saft	Sap
Salat	Salade
Salz	Zout
Spinat	Spinazie
Suppe	Soep
Thunfisch	Tonijn
Zimt	Kaneel
Zitrone	Citroen
Zucker	Suiker
Zwiebel	Ui

Essen #2
Eten #2

Apfel	Appel
Artischocke	Artisjok
Aubergine	Aubergine
Banane	Banaan
Brokkoli	Broccoli
Brot	Brood
Ei	Ei
Fisch	Vis
Joghurt	Yoghurt
Käse	Kaas
Kirsche	Kers
Mandel	Amandel
Pilz	Paddestoel
Reis	Rijst
Schinken	Ham
Schokolade	Chocolade
Sellerie	Selderij
Spargel	Asperge
Tomate	Tomaat
Weizen	Tarwe

Fahren
Rijden

Auto	Auto
Bremsen	Remmen
Brennstoff	Brandstof
Bus	Bus
Fussgänger	Voetganger
Garage	Garage
Gas	Gas
Gefahr	Gevaar
Geschwindigkeit	Snelheid
Karte	Kaart
Lizenz	Licentie
Lkw	Vrachtauto
Motor	Motor
Motorrad	Motorfiets
Polizei	Politie
Sicherheit	Veiligheid
Transport	Vervoer
Tunnel	Tunnel
Unfall	Ongeluk
Verkehr	Verkeer

Fahrzeuge
Voertuigen

Auto	Auto
Boot	Boot
Bus	Bus
Fahrrad	Fiets
Fähre	Veerboot
Floss	Vlot
Flugzeug	Vliegtuig
Hubschrauber	Helikopter
Krankenwagen	Ambulance
Lkw	Vrachtauto
Motor	Motor
Rakete	Raket
Reifen	Banden
Roller	Scooter
Taxi	Taxi
Traktor	Tractor
U-Bahn	Metro
U-Boot	Onderzeeër
Wohnwagen	Caravan
Zug	Trein

Familie
Familie

Bruder	Broer
Ehefrau	Vrouw
Ehemann	Man
Enkel	Kleinzoon
Grossmutter	Grootmoeder
Grossvater	Opa
Kind	Kind
Kinder	Kinderen
Kindheit	Jeugd
Mutter	Moeder
Neffe	Neef
Nichte	Nicht
Onkel	Oom
Schwester	Zus
Tante	Tante
Tochter	Dochter
Vater	Vader
Väterlich	Vaderlijk
Vorfahr	Voorouder
Zwillinge	Tweeling

Flugzeuge
Vliegtuigen

Abenteuer	Avontuur
Abstieg	Afdaling
Atmosphäre	Atmosfeer
Ballon	Ballon
Brennstoff	Brandstof
Crew	Bemanning
Design	Ontwerp
Geschichte	Geschiedenis
Himmel	Hemel
Höhe	Hoogte
Konstruktion	Bouw
Luft	Lucht
Motor	Motor
Navigieren	Navigeren
Passagier	Passagier
Pilot	Piloot
Propeller	Propellers
Turbulenz	Turbulentie
Wasserstoff	Waterstof
Wetter	Weer

Formen
Vormen

Bogen	Boog
Dreieck	Driehoek
Ecke	Hoek
Hyperbel	Hyperbool
Kanten	Randen
Kegel	Kegel
Kreis	Cirkel
Kugel	Bol
Kurve	Curve
Linie	Lijn
Oval	Ovaal
Polygon	Veelhoek
Prisma	Prisma
Pyramide	Piramide
Quadrat	Vierkant
Rechteck	Rechthoek
Rund	Ronde
Seite	Kant
Würfel	Kubus
Zylinder	Cilinder

Garten
Tuin

Bank	Bank
Baum	Boom
Blume	Bloem
Boden	Bodem
Busch	Struik
Garage	Garage
Garten	Tuin
Gras	Gras
Hängematte	Hangmat
Obstgarten	Boomgaard
Rasen	Gazon
Rechen	Hark
Schaufel	Schop
Schlauch	Slang
Teich	Vijver
Terrasse	Terras
Trampolin	Trampoline
Unkraut	Onkruid
Veranda	Veranda
Zaun	Hek

Gebäude
Gebouwen

Bauernhof	Boerderij
Botschaft	Ambassade
Fabrik	Fabriek
Garage	Garage
Herberge	Herberg
Hotel	Hotel
Kabine	Cabine
Kino	Bioscoop
Krankenhaus	Ziekenhuis
Labor	Laboratorium
Museum	Museum
Observatorium	Observatorium
Scheune	Schuur
Schule	School
Stadion	Stadion
Supermarkt	Supermarkt
Theater	Theater
Turm	Toren
Universität	Universiteit
Zelt	Tent

Gemüse
Groenten

Artischocke	Artisjok
Aubergine	Aubergine
Blumenkohl	Bloemkool
Brokkoli	Broccoli
Erbse	Erwt
Gurke	Komkommer
Ingwer	Gember
Karotte	Wortel
Kartoffel	Aardappel
Knoblauch	Knoflook
Kürbis	Pompoen
Olive	Olijf
Petersilie	Peterselie
Pilz	Paddestoel
Rübe	Raap
Salat	Salade
Sellerie	Selderij
Spinat	Spinazie
Tomate	Tomaat
Zwiebel	Ui

Geographie
Geografie

Atlas	Atlas
Äquator	Evenaar
Berg	Berg
Breite	Breedtegraad
Fluss	Rivier
Gebiet	Grondgebied
Hemisphäre	Halfrond
Höhe	Hoogte
Insel	Eiland
Karte	Kaart
Kontinent	Continent
Land	Land
Meer	Zee
Meridian	Meridiaan
Norden	Noorden
Ozean	Oceaan
Region	Regio
Stadt	Stad
Welt	Wereld
West	Westen

Geologie
Geologie

Erdbeben	Aardbeving
Erosion	Erosie
Fossil	Fossiel
Geschmolzen	Gesmolten
Geysir	Geiser
Höhle	Grot
Kalzium	Calcium
Kontinent	Continent
Koralle	Koraal
Lava	Lava
Mineralien	Mineralen
Plateau	Plateau
Quarz	Kwarts
Salz	Zout
Säure	Zuur
Stalagmiten	Stalagmieten
Stalaktit	Stalactiet
Stein	Steen
Vulkan	Vulkaan
Zone	Zone

Geometrie
Geometrie

Anteil	Proportie
Berechnung	Berekening
Dimension	Dimensie
Dreieck	Driehoek
Durchmesser	Diameter
Gleichung	Vergelijking
Horizontal	Horizontaal
Höhe	Hoogte
Kreis	Cirkel
Kurve	Curve
Logik	Logica
Masse	Massa
Nummer	Nummer
Oberfläche	Oppervlak
Parallel	Parallel
Quadrat	Vierkant
Segment	Segment
Symmetrie	Symmetrie
Theorie	Theorie
Winkel	Hoek

Geschäft
Zakelijk

Arbeitgeber	Werkgever
Budget	Begroting
Büro	Kantoor
Einkommen	Inkomen
Fabrik	Fabriek
Geld	Geld
Geschäft	Winkel
Gewinn	Winst
Investition	Investering
Karriere	Carrière
Kosten	Kosten
Manager	Manager
Mitarbeiter	Werknemer
Rabatt	Korting
Steuern	Belastingen
Transaktion	Transactie
Verkauf	Verkoop
Ware	Handelswaar
Währung	Valuta
Wirtschaft	Economie

Gesundheit und Wellness #1
Gezondheid en Welzijn #1

Aktiv	Actief
Apotheke	Apotheek
Arzt	Dokter
Bakterien	Bacteriën
Behandlung	Behandeling
Entspannung	Ontspanning
Fraktur	Breuk
Gewohnheit	Gewoonte
Haut	Huid
Höhe	Hoogte
Hunger	Honger
Klinik	Kliniek
Knochen	Botten
Medizin	Medicijn
Medizinisch	Medisch
Nerven	Zenuwen
Reflex	Reflex
Therapie	Therapie
Verletzung	Letsel
Virus	Virus

Gesundheit und Wellness #2
Gezondheid en Welzijn #2

Allergie	Allergie
Anatomie	Anatomie
Appetit	Eetlust
Blut	Bloed
Diät	Dieet
Energie	Energie
Genetik	Genetica
Gesund	Gezond
Gewicht	Gewicht
Hygiene	Hygiëne
Infektion	Infectie
Kalorie	Calorie
Krankenhaus	Ziekenhuis
Krankheit	Ziekte
Massage	Massage
Risiken	Risico'S
Schlafen	Slaap
Sport	Sport
Stress	Stress
Vitamin	Vitamine

Gewürze
Specerijen

Anis	Anijs
Bitter	Bitter
Curry	Kerrie
Fenchel	Venkel
Geschmack	Smaak
Ingwer	Gember
Kardamom	Kardemom
Knoblauch	Knoflook
Lakritze	Drop
Muskatnuss	Nootmuskaat
Nelke	Kruidnagel
Paprika	Paprika
Pfeffer	Peper
Safran	Saffraan
Salz	Zout
Sauer	Zuur
Süss	Zoet
Vanille	Vanille
Zimt	Kaneel
Zwiebel	Ui

Haartypen
Haartypes

Blond	Blond
Braun	Bruin
Dick	Dik
Dünn	Dun
Farbig	Gekleurd
Geflochten	Gevlochten
Gesund	Gezond
Grau	Grijs
Kahl	Kaal
Kurz	Kort
Lang	Lang
Locken	Krullen
Lockig	Krullend
Schwarz	Zwart
Silber	Zilver
Trocken	Droog
Weich	Zacht
Weiss	Wit
Wellig	Golvend
Zöpfe	Vlechten

Haus
Huis

Besen	Bezem
Bibliothek	Bibliotheek
Dach	Dak
Dachboden	Zolder
Decke	Plafond
Dusche	Douche
Fenster	Raam
Garage	Garage
Garten	Tuin
Kamin	Haard
Küche	Keuken
Lampe	Lamp
Möbel	Meubilair
Schlafzimmer	Slaapkamer
Schornstein	Schoorsteen
Spiegel	Spiegel
Tür	Deur
Wand	Muur
Zaun	Hek
Zimmer	Kamer

Ingenieurwesen
Engineering

Achse	As
Antrieb	Voortstuwing
Berechnung	Berekening
Diagramm	Diagram
Diesel	Diesel
Durchmesser	Diameter
Energie	Energie
Flüssigkeit	Vloeistof
Getriebe	Versnellingen
Hebel	Hefbomen
Konstruktion	Bouw
Maschine	Machine
Messung	Meting
Motor	Motor
Stabilität	Stabiliteit
Stärke	Kracht
Struktur	Structuur
Tiefe	Diepte
Verteilung	Distributie
Winkel	Hoek

Jazz
Jazz

Album	Album
Alt	Oud
Applaus	Applaus
Berühmt	Beroemd
Favoriten	Favorieten
Genre	Genre
Improvisation	Improvisatie
Komponist	Componist
Konzert	Concert
Künstler	Artiest
Lied	Lied
Musik	Muziek
Musiker	Musici
Neu	Nieuw
Orchester	Orkest
Rhythmus	Ritme
Solo	Solo
Stil	Stijl
Talent	Talent
Technik	Techniek

Kaffee
Koffie

Aroma	Aroma
Bitter	Bitter
Creme	Room
Filter	Filter
Flüssigkeit	Vloeistof
Geröstet	Geroosterd
Geschmack	Smaak
Getränk	Drank
Koffein	Cafeïne
Mahlen	Malen
Milch	Melk
Morgen	Ochtend
Preis	Prijs
Sauer	Zuur
Schwarz	Zwart
Tasse	Beker
Ursprung	Oorsprong
Vielfalt	Variëteit
Wasser	Water
Zucker	Suiker

Kleidung
Kleding

Armband	Armband
Bluse	Blouse
Gürtel	Riem
Halskette	Ketting
Handschuhe	Handschoenen
Hemd	Shirt
Hose	Broek
Hut	Hoed
Jacke	Jasje
Jeans	Jeans
Kleid	Jurk
Mantel	Jas
Mode	Mode
Pullover	Trui
Rock	Rok
Schal	Sjaal
Schlafanzug	Pyjama
Schmuck	Sieraden
Schuh	Schoen
Schürze	Schort

Krankheit
Ziekte

Abdominal	Buik
Akut	Acuut
Allergien	Allergieën
Ansteckend	Besmettelijk
Atemwege	Ademhaling
Bakteriell	Bacterieel
Chronisch	Chronisch
Entzündung	Ontsteking
Erblich	Erfelijk
Genetisch	Genetisch
Gesundheit	Gezondheid
Herz	Hart
Immunität	Immuniteit
Knochen	Botten
Körper	Lichaam
Neuropathie	Neuropathie
Schwach	Zwak
Sinus	Sinus
Syndrom	Syndroom
Therapie	Therapie

Kräuterkunde
Herbalisme

Aromatisch	Aromatisch
Basilikum	Basilicum
Blume	Bloem
Dill	Dille
Estragon	Dragon
Fenchel	Venkel
Garten	Tuin
Geschmack	Smaak
Grün	Groen
Knoblauch	Knoflook
Kulinarisch	Culinair
Lavendel	Lavendel
Majoran	Marjolein
Petersilie	Peterselie
Qualität	Kwaliteit
Rosmarin	Rozemarijn
Safran	Saffraan
Thymian	Tijm
Vorteilhaft	Voordelig
Zutat	Ingrediënt

Kreativität
Creativiteit

Ausdruck	Uitdrukking
Authentizität	Echtheid
Bild	Beeld
Dramatisch	Dramatisch
Eindruck	Indruk
Erfinderisch	Inventief
Fähigkeit	Vaardigheid
Flüssigkeit	Vloeibaarheid
Gefühle	Gevoelens
Ideen	Ideeën
Inspiration	Inspiratie
Intensität	Intensiteit
Intuition	Intuïtie
Klarheit	Helderheid
Künstlerisch	Artistiek
Phantasie	Verbeelding
Sensation	Gevoel
Spontan	Spontaan
Visionen	Visioenen
Vitalität	Vitaliteit

Kunst
Kunst

Ausdruck	Uitdrukking
Ehrlich	Eerlijk
Einfach	Eenvoudig
Gegenstand	Onderwerp
Gemälde	Schilderijen
Inspiriert	Geïnspireerd
Keramik	Keramisch
Komplex	Complex
Original	Origineel
Persönlich	Persoonlijk
Poesie	Poëzie
Porträtieren	Portretteren
Schaffen	Creëren
Skulptur	Beeldhouwwerk
Stimmung	Humeur
Surrealismus	Surrealisme
Symbol	Symbool
Visuell	Visueel
Zusammensetzung	Samenstelling

Küche
Keuken

Essen	Voedsel
Essstäbchen	Eetstokjes
Gabeln	Vorken
Gefrierschrank	Vriezer
Gewürze	Specerijen
Grill	Grill
Kelle	Pollepel
Krug	Kruik
Kühlschrank	Koelkast
Löffel	Lepels
Messer	Messen
Ofen	Oven
Rezept	Recept
Schürze	Schort
Schüssel	Kom
Schwamm	Spons
Serviette	Servet
Tassen	Cup
Wasserkocher	Ketel

Landschaften
Landschappen

Berg	Berg
Eisberg	Ijsberg
Fluss	Rivier
Geysir	Geiser
Gletscher	Gletsjer
Golf	Golf
Halbinsel	Schiereiland
Höhle	Grot
Hügel	Heuvel
Insel	Eiland
Meer	Zee
Oase	Oase
See	Meer
Strand	Strand
Sumpf	Moeras
Tal	Vallei
Tundra	Toendra
Vulkan	Vulkaan
Wasserfall	Waterval
Wüste	Woestijn

Länder #1
Landen #1

Ägypten	Egypte
Brasilien	Brazilië
Deutschland	Duitsland
Finnland	Finland
Indien	India
Irak	Irak
Israel	Israël
Italien	Italië
Kambodscha	Cambodja
Kanada	Canada
Lettland	Letland
Mali	Mali
Nicaragua	Nicaragua
Norwegen	Noorwegen
Polen	Polen
Rumänien	Roemenië
Senegal	Senegal
Spanien	Spanje
Venezuela	Venezuela
Vietnam	Vietnam

Länder #2
Landen #2

Albanien	Albani
Äthiopien	Ethiopië
Frankreich	Frankrijk
Griechenland	Griekenland
Haiti	Haïti
Irland	Ierland
Jamaika	Jamaica
Japan	Japan
Kenia	Kenia
Laos	Laos
Liberia	Liberia
Mexiko	Mexico
Nepal	Nepal
Nigeria	Nigeria
Pakistan	Pakistan
Russland	Rusland
Sudan	Soedan
Syrien	Syrië
Uganda	Oeganda
Ukraine	Oekraïne

Literatur
Literatuur

Analogie	Analogie
Analyse	Analyse
Anekdote	Anekdote
Autor	Auteur
Beschreibung	Omschrijving
Biographie	Biografie
Dialog	Dialoog
Erzähler	Verteller
Fiktion	Fictie
Gedicht	Gedicht
Metapher	Metafoor
Poetisch	Poëtisch
Reim	Rijm
Rhythmus	Ritme
Roman	Roman
Schlussfolgerung	Conclusie
Stil	Stijl
Thema	Thema
Tragödie	Tragedie
Vergleich	Vergelijking

Mathematik
Wiskunde

Arithmetik	Rekenkundig
Bruchteil	Fractie
Dezimal	Decimaal
Dreieck	Driehoek
Durchmesser	Diameter
Exponent	Exponent
Geometrie	Geometrie
Gleichung	Vergelijking
Kugel	Bol
Parallel	Parallel
Polygon	Veelhoek
Quadrat	Vierkant
Radius	Straal
Rechteck	Rechthoek
Senkrecht	Loodrecht
Summe	Som
Symmetrie	Symmetrie
Umfang	Omtrek
Volumen	Volume
Winkel	Hoeken

Meditation
Meditatie

Annahme	Aanvaarding
Atmung	Ademhaling
Aufmerksamkeit	Aandacht
Bewegung	Beweging
Dankbarkeit	Dankbaarheid
Frieden	Vrede
Gedanken	Gedachten
Geistig	Mentaal
Glück	Geluk
Klarheit	Helderheid
Lehre	Onderwijs
Lernen	Leren
Mitgefühl	Mededogen
Musik	Muziek
Natur	Natuur
Perspektive	Perspectief
Ruhig	Kalm
Stille	Stilte
Verstand	Geest
Wach	Wakker

Menschlicher Körper
Menselijk Lichaam

Bein	Been
Blut	Bloed
Ellbogen	Elleboog
Finger	Vinger
Gehirn	Hersenen
Gesicht	Gezicht
Hals	Nek
Hand	Hand
Haut	Huid
Herz	Hart
Kiefer	Kaak
Kinn	Kin
Knie	Knie
Knöchel	Enkel
Kopf	Hoofd
Mund	Mond
Nase	Neus
Ohr	Oor
Schulter	Schouder
Zunge	Tong

Messungen
Metingen

Breite	Breedte
Byte	Byte
Dezimal	Decimaal
Gewicht	Gewicht
Grad	Graad
Gramm	Gram
Höhe	Hoogte
Kilogramm	Kilogram
Kilometer	Kilometer
Länge	Lengte
Liter	Liter
Masse	Massa
Meter	Meter
Minute	Minuut
Tiefe	Diepte
Tonne	Ton
Unze	Ons
Volumen	Volume
Zentimeter	Centimeter
Zoll	Inch

Mode
Mode

Bescheiden	Bescheiden
Boutique	Winkel
Einfach	Eenvoudig
Elegant	Elegant
Erschwinglich	Betaalbaar
Kleidung	Kleding
Komfortabel	Comfortabel
Modern	Modern
Muster	Patroon
Original	Origineel
Praktisch	Praktisch
Spitze	Kant
Stickerei	Borduurwerk
Stil	Stijl
Stoff	Stof
Tasten	Knop
Teuer	Duur
Textur	Textuur
Trend	Trend

Musik
Muziek

Album	Album
Ballade	Ballade
Chor	Koor
Harmonie	Harmonie
Harmonisch	Harmonisch
Improvisieren	Improviseren
Instrument	Instrument
Klassisch	Klassiek
Lyrisch	Lyrisch
Melodie	Melodie
Mikrofon	Microfoon
Musical	Muzikaal
Musiker	Muzikant
Oper	Opera
Poetisch	Poëtisch
Rhythmisch	Ritmisch
Rhythmus	Ritme
Sänger	Zanger
Singen	Zingen
Tempo	Tempo

Musikinstrumente
Muziekinstrumenten

Banjo	Banjo
Cello	Cello
Fagott	Fagot
Flöte	Fluit
Geige	Viool
Gitarre	Gitaar
Glockenspiel	Klokkenspel
Gong	Gong
Harfe	Harp
Klarinette	Klarinet
Klavier	Piano
Mandoline	Mandoline
Mundharmonika	Mondharmonica
Oboe	Hobo
Posaune	Trombone
Saxophon	Saxofoon
Schlagzeug	Percussie
Tamburin	Tamboerijn
Trommel	Trommel
Trompete	Trompet

Mythologie
Mythologie

Archetyp	Archetype
Blitz	Bliksem
Donner	Donder
Eifersucht	Jaloezie
Held	Held
Heldin	Heldin
Himmel	Hemel
Katastrophe	Ramp
Kreation	Creatie
Kreatur	Wezen
Krieger	Krijger
Kultur	Cultuur
Labyrinth	Doolhof
Legende	Legende
Magisch	Magisch
Monster	Monster
Rache	Wraak
Stärke	Kracht
Sterblich	Sterfelijk
Verhalten	Gedrag

Natur
Natuur

Arktis	Arctisch
Berge	Bergen
Bienen	Bijen
Dynamisch	Dynamisch
Erosion	Erosie
Fluss	Rivier
Friedlich	Rustig
Gletscher	Gletsjer
Heiligtum	Heiligdom
Heiter	Sereen
Laub	Gebladerte
Lebenswichtig	Vitaal
Nebel	Mist
Schönheit	Schoonheid
Schutz	Schuilplaats
Tiere	Dieren
Tropisch	Tropisch
Wald	Bos
Wild	Wild
Wüste	Woestijn

Obst
Fruit

Ananas	Ananas
Apfel	Appel
Aprikose	Abrikoos
Avocado	Avocado
Banane	Banaan
Beere	Bes
Birne	Peer
Brombeere	Braam
Himbeere	Framboos
Kirsche	Kers
Kiwi	Kiwi
Kokosnuss	Kokosnoot
Melone	Meloen
Nektarine	Nectarine
Orange	Oranje
Papaya	Papaja
Pfirsich	Perzik
Pflaume	Pruim
Traube	Druif
Zitrone	Citroen

Ozean
Oceaan

Aal	Aal
Auster	Oester
Boot	Boot
Delfin	Dolfijn
Fisch	Vis
Garnele	Garnaal
Gezeiten	Getijden
Hai	Haai
Koralle	Koraal
Krabbe	Krab
Krake	Octopus
Qualle	Kwal
Riff	Rif
Salz	Zout
Schildkröte	Schildpad
Schwamm	Spons
Sturm	Storm
Thunfisch	Tonijn
Wal	Walvis
Wellen	Golven

Pflanzen
Installaties

Bambus	Bamboe
Baum	Boom
Beere	Bes
Blume	Bloem
Blütenblatt	Bloemblad
Bohne	Boon
Botanik	Plantkunde
Busch	Struik
Dünger	Mest
Efeu	Klimop
Flora	Flora
Garten	Tuin
Gras	Gras
Kaktus	Cactus
Kraut	Kruid
Laub	Gebladerte
Moos	Mos
Vegetation	Vegetatie
Wald	Bos
Wurzel	Wortel

Physik
Natuurkunde

Atom	Atoom
Beschleunigung	Versnelling
Chaos	Chaos
Chemisch	Chemisch
Dichte	Dichtheid
Elektron	Elektron
Experiment	Experiment
Formel	Formule
Frequenz	Frequentie
Gas	Gas
Geschwindigkeit	Snelheid
Magnetismus	Magnetisme
Masse	Massa
Mechanik	Mechanica
Molekül	Molecuul
Motor	Motor
Nuklear	Nucleair
Partikel	Deeltje
Relativität	Relativiteit
Universal	Universeel

Psychologie
Psychologie

Bewertung	Beoordeling
Bewusstlos	Bewusteloos
Ego	Ego
Einflüsse	Invloed
Erinnerungen	Herinneringen
Gedanken	Gedachten
Ideen	Ideeën
Kindheit	Jeugd
Klinisch	Klinisch
Kognition	Cognitie
Konflikt	Conflict
Problem	Probleem
Sensation	Gevoel
Termin	Afspraak
Therapie	Therapie
Träume	Dromen
Unterbewusstsein	Onderbewust
Verhalten	Gedrag
Wahrnehmung	Perceptie
Wirklichkeit	Realiteit

Regierung
Overheid

Bezirk	Wijk
Demokratie	Democratie
Denkmal	Monument
Diskussion	Discussie
Freiheit	Vrijheid
Friedlich	Rustig
Führer	Leider
Gerechtigkeit	Gerechtigheid
Gesetz	Wet
Gleichheit	Gelijkheid
Justiziell	Gerechtelijk
Nation	Natie
National	Nationaal
Politik	Politiek
Rechte	Rechten
Rede	Toespraak
Staat	Staat
Symbol	Symbool
Verfassung	Grondwet
Zivil	Civiel

Restaurant #2
Restaurant #2

Abendessen	Diner
Eis	Ijs
Fisch	Vis
Frucht	Fruit
Gabel	Vork
Gemüse	Groente
Getränk	Drank
Gewürze	Specerijen
Kellner	Ober
Köstlich	Heerlijk
Kuchen	Cake
Löffel	Lepel
Mittagessen	Lunch
Nudeln	Noedels
Salat	Salade
Salz	Zout
Stuhl	Stoel
Suppe	Soep
Vorspeise	Voorgerecht
Wasser	Water

Säugetiere
Zoogdieren

Affe	Aap
Bär	Beer
Biber	Bever
Elefant	Olifant
Fuchs	Vos
Giraffe	Giraf
Gorilla	Gorilla
Hund	Hond
Känguru	Kangoeroe
Kojote	Coyote
Löwe	Leeuw
Panther	Panter
Pferd	Paard
Ratte	Rat
Schaf	Schaap
Stier	Stier
Tiger	Tijger
Wal	Walvis
Wolf	Wolf
Zebra	Zebra

Schach
Schaken

Champion	Kampioen
Diagonal	Diagonaal
Gegner	Tegenstander
Klug	Slim
König	Koning
Königin	Koningin
Lernen	Leren
Opfer	Offer
Passiv	Passief
Punkte	Punten
Regeln	Reglement
Schwarz	Zwart
Spiel	Spel
Spieler	Speler
Strategie	Strategie
Turnier	Toernooi
Weiss	Wit
Wettbewerb	Wedstrijd
Zeit	Tijd

Schokolade
Chocolade

Antioxidans	Antioxidant
Aroma	Aroma
Bitter	Bitter
Essen	Eten
Exotisch	Exotisch
Favorit	Favoriet
Geschmack	Smaak
Handwerklich	Artisanaal
Kakao	Cacao
Kalorien	Calorieën
Karamell	Karamel
Kokosnuss	Kokosnoot
Köstlich	Heerlijk
Pulver	Poeder
Qualität	Kwaliteit
Rezept	Recept
Süss	Zoet
Verlangen	Verlangen
Zucker	Suiker
Zutat	Ingrediënt

Schönheit
Schoonheid

Anmut	Genade
Charme	Charme
Dienstleistungen	Diensten
Duft	Geur
Elegant	Elegant
Eleganz	Elegantie
Farbe	Kleur
Fotogen	Fotogeniek
Glatt	Glad
Haut	Huid
Kosmetik	Cosmetica
Lippenstift	Lippenstift
Locken	Krullen
Öle	Oliën
Produkte	Producten
Schere	Schaar
Shampoo	Shampoo
Spiegel	Spiegel
Stylist	Stilist
Wimperntusche	Mascara

Science Fiction
Meer Informatie

Bücher	Boeken
Chemikalien	Chemicaliën
Dystopie	Dystopie
Explosion	Explosie
Extrem	Extreem
Fantastisch	Fantastisch
Feuer	Brand
Futuristisch	Futuristisch
Geheimnisvoll	Mysterieus
Illusion	Illusie
Imaginär	Denkbeeldig
Kino	Bioscoop
Orakel	Orakel
Planet	Planeet
Realistisch	Realistisch
Roboter	Robots
Szenario	Scenario
Technologie	Technologie
Utopie	Utopie
Welt	Wereld

Sport
Sporten

Athlet	Atleet
Atmen	Ademen
Diät	Dieet
Ernährung	Voeding
Gesundheit	Gezondheid
Joggen	Joggen
Knochen	Botten
Körper	Lichaam
Maximieren	Maximaliseren
Metabolisch	Metabolisch
Muskel	Spieren
Programm	Programma
Radfahren	Fiets
Schwimmen	Zwemmen
Sport	Sport
Stärke	Kracht
Tanzen	Dansen
Trainer	Trainer
Ziel	Doel

Stadt
Stad

Apotheke	Apotheek
Bank	Bank
Bäckerei	Bakkerij
Bibliothek	Bibliotheek
Blumenhändler	Bloemist
Buchhandlung	Boekhandel
Flughafen	Luchthaven
Galerie	Galerij
Hotel	Hotel
Kino	Bioscoop
Klinik	Kliniek
Markt	Markt
Museum	Museum
Restaurant	Restaurant
Schule	School
Stadion	Stadion
Supermarkt	Supermarkt
Theater	Theater
Universität	Universiteit
Zoo	Dierentuin

Tage und Monate
Dagen en Maanden

August	Augustus
Dezember	December
Dienstag	Dinsdag
Donnerstag	Donderdag
Februar	Februari
Freitag	Vrijdag
Jahr	Jaar
Januar	Januari
Juli	Juli
Juni	Juni
Kalender	Kalender
Mittwoch	Woensdag
Monat	Maand
Montag	Maandag
November	November
Oktober	Oktober
Samstag	Zaterdag
September	September
Sonntag	Zondag
Woche	Week

Tanzen
Dans

Akademie	Academie
Anmut	Genade
Ausdrucksvoll	Expressief
Bewegung	Beweging
Choreographie	Choreografie
Emotion	Emotie
Freudig	Blij
Haltung	Houding
Klassisch	Klassiek
Körper	Lichaam
Kultur	Cultuur
Kulturell	Cultureel
Kunst	Kunst
Musik	Muziek
Partner	Partner
Probe	Repetitie
Rhythmus	Ritme
Springen	Springen
Traditionell	Traditioneel
Visuell	Visueel

Technologie
Technologie

Bildschirm	Scherm
Blog	Blog
Browser	Browser
Bytes	Bytes
Computer	Computer
Cursor	Cursor
Datei	Bestand
Daten	Gegevens
Digital	Digitaal
Forschung	Onderzoek
Internet	Internet
Kamera	Camera
Nachricht	Bericht
Schriftart	Lettertype
Sicherheit	Veiligheid
Software	Software
Statistik	Statistiek
Virtuell	Virtueel
Virus	Virus

Universum
Universum

Asteroid	Asteroïde
Astronom	Astronoom
Astronomie	Astronomie
Atmosphäre	Atmosfeer
Äquator	Evenaar
Breite	Breedtegraad
Dunkelheit	Duisternis
Hemisphäre	Halfrond
Himmel	Hemel
Horizont	Horizon
Kosmisch	Kosmisch
Längengrad	Lengtegraad
Mond	Maan
Orbit	Baan
Sichtbar	Zichtbaar
Solar	Zonne
Sonnenwende	Zonnewende
Teleskop	Telescoop
Tierkreis	Dierenriem

Urlaub #2
Vakantie #2

Ausländer	Buitenlander
Ausländisch	Buitenlands
Camping	Kamperen
Flughafen	Luchthaven
Freizeit	Vrije Tijd
Hotel	Hotel
Insel	Eiland
Karte	Kaart
Meer	Zee
Pass	Paspoort
Reise	Reis
Restaurant	Restaurant
Strand	Strand
Taxi	Taxi
Transport	Vervoer
Urlaub	Vakantie
Visum	Visum
Zelt	Tent
Ziel	Bestemming
Zug	Trein

Vögel
Vogels

Adler	Adelaar
Ei	Ei
Ente	Eend
Eule	Uil
Flamingo	Flamingo
Gans	Gans
Huhn	Kip
Krähe	Kraai
Kuckuck	Koekoek
Möwe	Meeuw
Papagei	Papegaai
Pelikan	Pelikaan
Pfau	Pauw
Pinguin	Pinguïn
Rabe	Raaf
Reiher	Reiger
Schwan	Zwaan
Spatz	Mus
Storch	Ooievaar
Taube	Duif

Wandern
Wandelen

Berg	Berg
Camping	Kamperen
Führer	Gidsen
Gefahren	Gevaren
Gipfel	Top
Karte	Kaart
Klima	Klimaat
Klippe	Klif
Müde	Moe
Natur	Natuur
Orientierung	Oriëntatie
Schwer	Zwaar
Sonne	Zon
Steine	Stenen
Stiefel	Laarzen
Tiere	Dieren
Vorbereitung	Voorbereiding
Wasser	Water
Wetter	Weer
Wild	Wild

Wasser
Water

Bewässerung	Irrigatie
Dampf	Stoom
Dusche	Douche
Eis	Ijs
Feucht	Vochtig
Feuchtigkeit	Vochtigheid
Fluss	Rivier
Flut	Overstroming
Frost	Vorst
Geysir	Geiser
Hurrikan	Orkaan
Kanal	Kanaal
Monsun	Moesson
Ozean	Oceaan
Regen	Regen
Schnee	Sneeuw
See	Meer
Trinkbar	Drinkbaar
Verdunstung	Verdamping
Wellen	Golven

Wetter
Weersomstandigheden

Atmosphäre	Atmosfeer
Blitz	Bliksem
Brise	Bries
Donner	Donder
Dürre	Droogte
Eis	Ijs
Himmel	Hemel
Hurrikan	Orkaan
Klima	Klimaat
Monsun	Moesson
Nebel	Mist
Polar	Polair
Regenbogen	Regenboog
Sturm	Storm
Temperatur	Temperatuur
Tornado	Tornado
Trocken	Droog
Tropisch	Tropisch
Wind	Wind
Wolke	Wolk

Wissenschaft
Wetenschap

Atom	Atoom
Chemisch	Chemisch
Daten	Gegevens
Evolution	Evolutie
Experiment	Experiment
Fossil	Fossiel
Hypothese	Hypothese
Klima	Klimaat
Labor	Laboratorium
Methode	Methode
Mineralien	Mineralen
Moleküle	Moleculen
Natur	Natuur
Organismus	Organisme
Partikel	Deeltjes
Pflanzen	Planten
Physik	Natuurkunde
Schwerkraft	Zwaartekracht
Tatsache	Feit
Wissenschaftler	Wetenschapper

Wissenschaftliche Disziplinen
Wetenschappelijke Discip

Anatomie	Anatomie
Archäologie	Archeologie
Astronomie	Astronomie
Biochemie	Biochemie
Biologie	Biologie
Botanik	Plantkunde
Chemie	Chemie
Geologie	Geologie
Immunologie	Immunologie
Kinesiologie	Kinesiologie
Linguistik	Taalkunde
Mechanik	Mechanica
Meteorologie	Meteorologie
Mineralogie	Mineralogie
Neurologie	Neurologie
Ökologie	Ecologie
Physiologie	Fysiologie
Psychologie	Psychologie
Soziologie	Sociologie
Zoologie	Zoölogie

Zahlen
Getallen

Acht	Acht
Achtzehn	Achttien
Dezimal	Decimaal
Drei	Drie
Dreizehn	Dertien
Fünf	Vijf
Fünfzehn	Vijftien
Neun	Negen
Neunzehn	Negentien
Null	Nul
Sechs	Zes
Sechzehn	Zestien
Sieben	Zeven
Siebzehn	Zeventien
Vier	Vier
Vierzehn	Veertien
Zehn	Tien
Zwanzig	Twintig
Zwei	Twee
Zwölf	Twaalf

Zeit
Tijd

Gestern	Gisteren
Heute	Vandaag
Jahr	Jaar
Jahrhundert	Eeuw
Jahrzehnt	Decennium
Jährlich	Jaarlijks
Jetzt	Nu
Kalender	Kalender
Minute	Minuut
Mittag	Middag
Monat	Maand
Morgen	Ochtend
Nach	Na
Nacht	Nacht
Stunde	Uur
Tag	Dag
Uhr	Klok
Vor	Voor
Woche	Week
Zukunft	Toekomst

Gratuliere

Sie haben es geschafft !!

Wir hoffen, dass euch dieses Buch genauso viel Spaß gemacht hat wie uns dessen Herstellung. Wir tun unser Bestes, um qualitativ hochwertige Spiele zu erfinden. Diese Rätsel sind auf eine clevere Art und Weise entworfen, damit sie aktiv lernen und daran Vergnügen finden.

Hat ihnen das Buch gefallen ?

Eine einfache Bitte

Unsere Bücher existieren dank der Rezensionen, die sie veröffentlichen. Können sie uns helfen indem sie jetzt eine Meinung hinterlassen ?

Hier ist ein kurzer Link, der Sie zu ihrer Bewertungsseite führt

BestBooksActivity.com/Rezension50

MONSTER HERAUSFÖRDERUNGEN !

Herausförderung 1

Bereit für ihr Bonusspiel? Wir verwenden sie ständig, aber sie sind nicht einfach zu finden. Es sind die Synonyme !

Notieren sie 5 Wörter, die sie in den untenstehenden Rätseln (Nummer 21, 36 und 76) entdeckt haben und versuchen sie für jedes Wort 2 Synonyme zu finden .

Notieren sie 5 Wörter aus **Rätsel 21**

Wörter	Synonym 1	Synonym 2

Notieren sie 5 Wörter aus **Rätsel 36**

Wörter	Synonym 1	Synonym 2

Notieren sie 5 Wörter aus **Rätsel 76**

Wörter	Synonym 1	Synonym 2

Herausförderung 2

Jetzt, wo sie warm sind, notieren sie 5 Wörter, die sie in jedem der untenaufgeführten Rätseln entdeckt haben (Nummer 9, 17 und 25) und versuchen sie für jedes Wort 2 Antonyme zu finden. Wie viele davon können sie binnen 20 Minuten finden ?

Notieren sie 5 Wörter aus **Rätsel 9**

Wörter	Antonym 1	Antonym 2

Notieren sie 5 Wörter aus **Rätsel 17**

Wörter	Antonym 1	Antonym 2

Notieren sie 5 Wörter aus **Rätsel 25**

Wörter	Antonym 1	Antonym 2

Herausförderung 3

Wunderbar, diese Monster Herausförderung 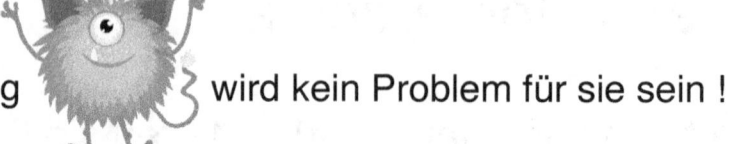 wird kein Problem für sie sein !

Bereit für die letzte Herausförderung? Wählen sie ihre 10 Lieblingswörter aus, die sie in einem Rätsel entdeckt haben und notieren sie sie unten.

1.	6.
2.	7.
3.	8.
4.	9.
5.	10.

Die Aufgabe besteht nun darin mit diesen Wörtern und in maximal sechs Sätzen einen Text herzustellen über eine Person, ein Tier oder ein Ort den sie lieben !

Tipp : sie können die letzten leeren Seiten dieses Buches als Entwurf verwenden

Ihr Schreiben :

NOTIZBUCH :

AUF BALDIGES WIEDERSEHEN !

Linguas Classics

www.ingramcontent.com/pod-product-compliance
Lightning Source LLC
Chambersburg PA
CBHW081713120626
46550CB00010B/3117